VERA GIEBERT-SCHRÖDER

SCHAMANISCHE
ALLTAGSRITUALE
für jetzt und hier

Kraft und Klarheit finden, wo immer wir sind

Visionssuche in der Stadt

Zum Nachschlagen

Kraftplätze kreieren

Vorwort

Es sind die kleinen, feinen Dinge und Gegebenheiten, die unser Leben ausmachen. Natürlich gibt es auch die großen Anlässe, das Herausgehobene, das, woran wir uns auch noch nach Jahren erinnern.
Die Dinge, über die wir sprechen und die wir oftmals auch ersehnen. Das eigentliche Leben jedoch findet im Alltag statt. Hier müssen wir uns bewähren, wir müssen die uns gestellten Herausforderungen meistern, immer noch einen Schritt weitergehen und uns stetig verändern. Genau dafür habe ich die »Schamanischen Alltagsrituale« geschrieben. Denn sie heben uns ein klein wenig aus dem Alltag heraus und fließen doch einfach und unkompliziert mit allem, was ist, mit. Es sind Rituale, die uns ins Hier und Jetzt führen – in den Moment, in dem unser Leben geschieht.
Unsere Zeit ist fordernd, keine Frage. Doch wir haben das Glück, auf die Weisheit einer uralten Heiltradition zurückgreifen zu können: den Schamanismus. Als älteste »Religion« versteht er das Menschsein von Grund auf und sieht es stets eingebunden in das große Ganze. Er stützt die Menschen seit Jahrtausenden, gibt ihnen Kraft und stets neue Orientierung im Wandel der Zeit.

»Jetzt ist der
Augenblick der Kraft«,
sagen die hawaiianischen Kahuna-Schamanen.

Auch heute kann das schamanische Grundwissen uns das Leben erleichtern und bereichern. Es kann uns helfen, immer neu Halt in uns selbst und in der Welt zu finden. Dieses Buch bereitet die wesentlichen Weisheiten dieser Tradition zeitgemäß und alltagspraktisch für dich auf. Es bietet dir eine Reihe von kleinen und größeren Alltagsritualen, die dich unterstützen, ohne dass du dir viel Wissen aneignen oder gar Schamane werden müsstest. Die Rituale setzen dort an, wo du bist: in einem schnelllebigen Alltag voller Anforderungen und Aufgaben. Genau dort hinein bringen sie Momente des Innehaltens, der Neu-Ausrichtung, der Verwurzelung und der Öffnung für Kräfte, die größer sind als wir selbst.

Ein paar solcher Momente am Tag lassen das gesamte Leben nach und nach ruhiger, kraftvoller und sogar sinnerfüllter werden. Einige der Rituale kannst du ganz für dich und »im Geheimen« machen. Andere lassen sich gemeinsam mit anderen oder sogar öffentlich gestalten. Die Angebote, die fast immer ohne größere Vorbereitung und auch spontan umsetzbar sind, werden mit der Zeit zu sicheren Ankerpunkten in deinem Lebensfluss: Sie wandeln deine Grundstimmung im Leben ins Positive und verleihen deinem Alltag die Magie, die es braucht, damit du deine Potenziale und deine Lebensfreude voll entfalten kannst.

Die Kraft der Rituale

Was macht Rituale so wirksam und warum können selbst kleine Rituale das Leben nachhaltig erleichtern und verwandeln? In diesem kurzen einleitenden Teil möchte ich dir einige Grundzüge des Schamanismus mitgeben und sie auf unseren heutigen Alltag übertragen. Es wird um die erstaunliche Kraft der Rituale gehen – und um die große Chance, sie zu einem Teil deines Alltags werden zu lassen.

RITUALE: WAS MACHT SIE
SO WIRKSAM?

Immer mehr Menschen greifen auf Rituale zurück – seien es ganz
alltägliche Formen, traditionelle Überlieferungen oder selbst erdachte
Rituale. Sogar Kinder entwickeln ihre eigenen Formen von Ritualen,
zum Beispiel um ihre Schulangst in den Griff zu bekommen. Sicher
kennst du so etwas: Ein Kind hüpft über die Gehwegplatten, und wenn
es ihm gelingt, niemals eine Schnittstelle zwischen zwei Platten zu
berühren, dann wird alles gut gehen. So seine innere Haltung.
Das Sonntagsfrühstück mit der Familie kann als ein Ritual gelten,
ebenso das Abendessen, bei dem jeder von seinem Tag erzählt. Immer
mehr Familien haben es sich auch zu einem Ritual gemacht, dass am
Abend jeder eine Sache nennt, die er heute am anderen geschätzt hat,
oder etwas, was ihm heute besonders gut gefallen hat. Und genau dabei
kommen schon zwei Komponenten hinein, die Rituale so wirksam
machen können: Bewusstsein und Kontinuität. Rituale stärken das
Bewusstsein und geben in ihrer Kontinuität eine Kraft, die uns sicher
durchs Leben tragen kann.

UNSICHTBARES WIRD SICHTBAR

In der uralten Tradition des Schamanismus kommt noch etwas anderes
hinzu: das Heraustreten aus dem Alltäglichen. Im Ritual verlassen wir
den üblichen Bewusstseinszustand, wir heben unseren Kopf aus dem
Hetzen, aus dem »Schlamassel«, der uns vielleicht gerade bedrückt.
Wir weiten unseren Geist und beziehen Ebenen mit ein, die größer sind
als wir selbst. Dann nehmen wir die Dinge nicht mehr so persönlich
und sind nicht mehr hundertprozentig in das Geschehen involviert.
Wir erweitern unsere Perspektive – und das gibt Kraft und Klarheit.

Rituale sind untrennbar mit dem Schamanismus verbunden, er ist ohne sie nicht vorstellbar. Das gilt traditionell und auch für unsere moderne Zeit. In allen Seminaren gibt es sie, in allen Büchern zu dieser Heil- und Lebenskunst sind sie beschrieben. Es sind wirkmächtige Handlungen voller Symbolkraft, die stellvertretend das zeigen, was sich danach auch in der Alltagswirklichkeit vollzieht. Rituale übersetzen Unsichtbares in sichtbare Handlungen. Dabei verwenden sie sinnbildliche Gegenstände, Gesten oder Aktionen und bringen damit bereits eine erste Form der Manifestation in die Welt. Das Latente wird greifbar.

SO SPIELERISCH WIE MÄCHTIG

Es gibt einmalige Rituale für bestimmte Anlässe: Feiern zur Geburt eines Kindes, Bekräftigungen für eine Liebesverbindung, aber auch Rituale, die ein Ende bestätigen und begleiten: das einer Beziehung oder eines Lebensabschnitts beispielsweise. Jährlich wiederkehrende Rituale feiern die Wiedergeburt des Lichts am 21. Dezember, die Tag- und-Nacht-Gleichen und die Sommersonnwende.

Warum Rituale wirken

Rituale sind symbolhafte Handlungen: Wir tun etwas, was rein äußerlich gar nicht unbedingt etwas mit dem zu tun hat, was uns umtreibt. Doch im übertragenen Sinne ist es die gleiche Handlung – und im Ritual können wir sie zu den Ergebnissen lenken, die wir haben möchten. Wenn wir etwas verabschieden wollen, können wir es auf ein Blatt Papier schreiben, noch einmal würdigen und dann dem Feuer übergeben. So löst es sich aus unserem Leben. Wir erfahren das bewusst und lassen so ein inneres Bild entstehen: eine Referenz für dieses Loslassen, das dann auch in unserem realen Leben geschehen kann.

Eine andere Form von Ritual kommt dem näher, was auch gemeinhin als Ritual bezeichnet wird: eine Handlung, die immer wieder in der gleichen Weise ausgeführt wird. Ich meine in unserem Zusammenhang nicht das routinemäßige Zeitunglesen oder Zähneputzen vor dem Schlafengehen, sondern Handlungen, die der Bewusstseinserweiterung, der Heilung, der Weiterentwicklung dienen. Eine allmorgendliche Meditation oder ein allabendliches Dankgebet sind einfache Beispiele dafür. Bei ihnen liegt die Wirkung nicht so sehr in der einmaligen Bewusstmachung von etwas oder in dem Wunsch, eine bestimmte Situation zum Besseren zu verändern, sondern in der Regelmäßigkeit. Wer jeden Morgen meditiert, wer jeden Abend dankt, wer eine für ihn positiv gefärbte Handlung bewusst und mit dem Herzen immer wieder tut, dessen Leben wird sich entsprechend dieser Ausrichtung weiterentwickeln.

Zudem ist ein solches Ritual ein alltäglicher kleiner Weckruf – eine Form des Umschaltens in einen wacheren Bewusstseinszustand. Es lockt uns aus dem Trott des Allzu-Alltäglichen heraus, aus dem Dauer-Denken und dem Dauer-Tun. Allein in dieser Hinsicht ist ein Ritual sehr heilsam – unabhängig davon, woraus sein Inhalt besteht.

In diesem Buch findest du viele Vorschläge für unterschiedliche Rituale, die sich zu Hause und am Arbeitsplatz, draußen in der Natur oder mitten in der Stadt gestalten lassen. Wichtig war mir bei der Auswahl vor allem, dass sie nicht nur wirksam, sondern auch alltagstauglich sind. Es kommt nämlich überhaupt nicht darauf an, dass Rituale aufwendig auszuführen oder kompliziert sind. Worauf es ankommt, ist, sie wirklich zu tun und dabei in einer bewussten wachen Haltung zu sein.

DIE INNERE HALTUNG

In der Psychologie und noch viel stärker in den spirituellen Traditionen aller Art weiß man, dass unsere innere Ausrichtung unser Leben und Erleben zu einem großen Teil mitbestimmt. Zum einen ist unsere Welt so, wie wir sie wahrnehmen, wie wir sie betrachten und bewerten. Und zum anderen wirken wir aus unserer inneren Haltung dem Leben und anderen Menschen gegenüber auf diese Welt ein. Auf die Rituale übertragen heißt das: Führst du sie mit einem wachen Bewusstsein aus, begibst du dich geistig auf genau die Ebene, auf der sie wirksam sein können. Wenn du sie machst, während du an etwas anderes denkst, verlieren sie diese Kraft. Es kommt also maßgeblich auf die innere Haltung an. Was macht eine solche Haltung in einem Alltagsritual aus?

→ Du bist innerlich wach.

→ Du bist voller Bewusstsein für dich selbst. Einfach gesagt: Du merkst, dass du lebendig bist.

→ Du bist dir bewusst darüber, warum du das tust, was du tust.

→ Du bist achtsam und aufmerksam dem gegenüber, was du tust.

→ Du hast eine Absicht, aber du hältst nicht stur an einem Plan fest und schreibst dem Leben nicht vor, was zu geschehen hat. Du bist also offen für alles, was sich aus deinem Handeln ergibt.

Mit einer solchen inneren Haltung kannst du dein ganzes Leben verändern – denn du bist innerlich vollkommen wach und präsent, während du handelst. Viele Weisheitslehrer aller Zeiten sagen, dass genau dann eine höhere Kraft durch dich hindurch wirkt. Du bist nicht mehr allein auf dein alltägliches menschliches Wirken beschränkt. So ist viel mehr möglich. Im Schamanischen würde man sagen: Du nimmst den dir gemäßen Platz als Vermittler zwischen Himmel und Erde ein, als aufrecht stehender Mensch, der mit dem Oben und dem Unten verbunden ist.

»Energie folgt
der Aufmerksamkeit.«
Eine Weisheit der Kahunas

INNEHALTEN

Jetzt gleich

Gleich jetzt, während du das liest – genau jetzt –, kannst du innehalten. Ein inneres Stoppen. Und du kannst dich fragen: »Wie geht es mir, wenn ich das lese? Wie entspannt ist mein Körper? Wie fließt mein Atem?«

Sich im Laufe des Tages immer wieder an so etwas Einfaches zu erinnern, macht dir das schnelle Wirbeln des Alltags erst einmal bewusst – durch kleine Unterbrechungen.

WAS DIR RITUALE SCHENKEN

Rituale können dein Leben enorm bereichern. Ihre Wirkung richtet sich genau auf das, was du mit ihnen beabsichtigst. Gerade deshalb ist die innere Ausrichtung ja so wichtig. Rituale können:

→ in dir ein Bewusstsein für etwas Größeres schaffen, als du selbst es bist, als wir Menschen es sind,

→ dir das Leben erleichtern,

→ dich innerlich aufrichten,

→ Beziehungen ebenso wie Projekte gelingen lassen,

→ dich in Resonanz zu anderen Menschen, zu einem Baum, einem Fluss, der Natur allgemein oder zum Leben an sich bringen,

→ dir klarer machen, worum es dir im Leben wirklich geht,

→ deine grundlegende Ausrichtung im Leben, in einer Beziehung oder bei der Arbeit stärken,

→ dir einen klaren Fokus und Kreativität schenken,

→ für Erholung und Regeneration sorgen,

→ das Loslassen von Altem, Überlebtem erleichtern,

→ dich in Krisenzeiten stärken und dir zu neuer Orientierung verhelfen,

→ deine persönliche und deine spirituelle Entwicklung fördern,

→ deine Verbindung zu all den geistigen Kräften stärken, die am Netz des Lebens mitweben,

→ dich spüren lassen, dass du nie wirklich allein bist,

→ Ordnung in deinen Alltag bringen.

SELBST ERLEBT
Die Morgenrose

Rosen sind feine und wunderschöne Geschöpfe und halten auch in der Vase sehr lange, wenn man sie gut pflegt. Viele Menschen nutzen sie gern für Rituale, in denen etwas Besonderes gewürdigt und die Schönheit des Lebens gefeiert werden soll. Jana hat für sich das Ritual gefunden, sich morgens – gleich nach ihrem eigenen »Reinigungsritual« im Bad – einer Rose zu widmen. Sie wünscht ihr einen guten Morgen, reinigt die Vase kurz mit einer Bürste und gibt frisches Wasser hinein. Alle zwei bis drei Tage schneidet sie die Rose mit dem Messer neu an.

Auf diese Weise tut sie natürlich der Rose gut, die sich besonders lange frisch hält. Es geschieht aber noch viel mehr: Janas Aufmerksamkeit gilt nämlich täglich dem Reinigen und der Pflege, der Schönheit und der Wertschätzung. All das bringt sie damit bewusst in ihr eigenes Leben. Wenn sie tagsüber eine Blume sieht, wird sie an ihre Rose zu Hause erinnert und weckt damit erneut diese Qualitäten in sich. Seit sie das tut, fühlt sie sich stärker in Resonanz mit Pflanzen und Blüten und spürt ihre eigene Lebendigkeit intensiver.

Wenn ihre Rose verblüht ist, dankt sie ihr, gibt sie auf den Kompost und sucht sich im Blumenladen eine neue aus.

SCHAMANISCHES
IM ÜBERBLICK

Für die Rituale, die ich dir in diesem Buch vorstelle, musst du weder ein Schamane werden, noch über Details des Schamanischen Bescheid wissen. Ich möchte dir auf den folgenden Seiten zunächst einfach einen kleinen Einblick in dieses uralte Weltbild geben. Denn auf ihm fußen die Rituale, die ich im Laufe meiner langjährigen schamanisch-therapeutischen Arbeit entwickelt oder weiterentwickelt habe. Das schamanische Wissen ist eine sehr wertvolle Basis, auf der wir heute ein zeitgemäßes und doch von alter Weisheit getragenes Leben aufbauen können – ein Leben, das im besten Sinne gelingen kann.

MITEINANDER VERBUNDENE WELTEN

Das schamanische Weltbild zeichnet vor allem aus, dass alles, was ist, als beseelt wahrgenommen wird. Alles ist zudem mit allem anderen verbunden – und so sind auch wir Menschen in ein unermesslich großes Netz des Lebendigen eingebunden. Unsere alltägliche und physische Welt ist ein Teil dieses großen Netzes, aber eben nur ein Teil. Daneben existieren andere Welten, andere Ebenen des Lebendigen, die für uns nicht ohne Weiteres wahrnehmbar und erfahrbar sind. Insbesondere wird nach schamanischer Vorstellung zwischen unserer alltäglichen und der nicht-alltäglichen Welt unterschieden, die man oftmals auch die »Anderswelt« nennt. Der Schamane nun versteht sich als Mittler zwischen den einzelnen Welten. Und da sie gleichzeitig existieren, ist es möglich, zwischen ihnen hin- und herzureisen.
Um im schamanischen Sinne mit den Kräften der anderen Welten in Kontakt zu kommen, gibt es grundsätzlich zwei Möglichkeiten: Wir können mit unserem Bewusstsein zu diesen Kräften gehen und wir

können sie zu uns in unsere Alltagswirklichkeit einladen. Schon wenn du dich achtsam mit einem Baum verbindest und sein Wesen zu erspüren versuchst, mit ihm in Kommunikation trittst und möglicherweise eine Botschaft von ihm empfängst oder auch eine Bitte, die du ihm erfüllen kannst – dann bist du im Austausch mit den geistigen Kräften des Lebens. Im schamanischen Arbeiten verstärkt man einen solchen Austausch und erlebt ihn auch mit Wesen, die für das alltägliche Auge nicht sichtbar sind, weil sie in einer anderen Dimension – eben in der nicht-alltäglichen Wirklichkeit – zu Hause sind.

DAS REISEN IN ANDERE WELTEN

Aus Sicht des Schamanen bestehen die verschiedenen Welten also nicht einfach nur nebeneinander, sondern es ist möglich, von einer Welt in eine andere zu wechseln. Der Schamane begibt sich dazu in einen veränderten Bewusstseinszustand, der ihm Eintritt in die nicht-alltägliche Welt gewährt: Er versetzt sich in eine Trance und reist mit seinem Bewusstsein in die geistige Welt (mehr dazu ab Seite 77).

Heute wissen wir, dass unser Bewusstsein je nach Schwingungsfrequenz unseres Gehirns die unterschiedlichsten Zustände annehmen kann. Auch wir können in eine tiefe Trance eintreten und dann Dinge erleben, die uns mit unserem alltäglichen Bewusstsein niemals möglich wären. Wir können unser Bewusstsein aber auch ganz leicht verändern und schon dann einen erweiterten Zugang zu verschiedenen Lebensrealitäten bekommen. Wir sind dann beispielsweise in dieser erhöhten Wachheit, von der schon die Rede war, und gestalten ein kleines Alltagsritual bei uns zu Hause oder auch im Büro. Dafür ist es nicht nötig, in eine tiefere Trance zu fallen – das wäre sogar ungünstig. Wenn du die Rituale in diesem Buch zu praktizieren beginnst, wirst du sehr viel spielerischer und konstruktiver mit deinem Geist und deinem Bewusstsein umzugehen lernen. Auch das macht einen Teil des Erfolgs aus: Du kannst dich selbst in deinem Leben sehr viel besser lenken und dabei auch noch Kräfte einbeziehen, die größer sind als du selbst.

Geistige Kräfte, geistige Welt

In vielen alten Kulturen und ganz besonders in den schamanisch geprägten Traditionen lebt man in einem starken Bewusstsein für die geistigen Kräfte. Das sind die Wirkkräfte, die wir nicht sehen können, die aber das Leben intensiv mitbestimmen. In früheren Kulturen unterhielt man eine bewusste Beziehung zu ihnen und ging davon aus, dass sich diese Kräfte als Tiere, Berge oder Pflanzen zeigen. Man wusste, dass alles, was lebt, miteinander vernetzt ist. Man selbst nahm seinen Platz in diesem großen Ganzen ein und versuchte, ganz selbstverständlich mit dafür Sorge zu tragen, dass dieses Gesamtgefüge in Balance bleiben konnte.

Vor allem aufgrund der ökologischen Krise auf der Erde kommen wir, unterstützt durch die fortschrittliche Wissenschaft, allmählich wieder zu einem Weltbild, in dem alles miteinander verbunden ist und allem, was lebt, die gleichen energetischen Kräfte innewohnen. Die moderne theoretische Physik gelangt immer mehr zu der Überzeugung, dass das Leben von energetischen Kräften bestimmt wird. Und in Teilen der Biologie operiert man seit Längerem gern mit Rupert Sheldrakes Theorie der Morphogenetischen Felder: energetischer Felder, die im Hintergrund dafür sorgen, dass alles, was wir sehen und greifen können, seine Form erhält. Die modernsten wissenschaftlichen Erkenntnisse nähern sich also den uralten spirituellen Weltbildern an.

Traditionelle ebenso wie moderne schamanisch Tätige sind in der Lage, sich mit ihrem Bewusstsein in die geistige Welt hineinzubewegen und dort Erfahrungen zu sammeln und bestimmte Weichen heilsam neu auszurichten. Sie haben gelernt, die Welt ganz im Sinne der geistigen Ordnung zu erfahren, einer höheren Ordnung, die stets das im Blick hat, was dem Leben dienlich ist. Alle kosmischen Kräfte wirken im Sinne dieser fein ausbalancierten Ordnung – und wir Menschen haben die Wahl, uns ebenfalls im Sinne dieser höheren Sinnhaftigkeit durch unser Leben zu bewegen.

VERBÜNDETE AUS DEM GEISTIGEN

Schamanisch tätige Menschen sind immer mit mindestens einem geistigen Helfer verbunden. Das sind Wesenheiten aus der geistigen Welt, mit denen sie zusammenarbeiten. Die bekanntesten von ihnen sind Krafttiere – geistige Helferwesen in Tiergestalt, von der Ameise bis zum Walfisch. Geistige Helfer können auch menschliche Gestalt haben, dann spricht man eher von geistigen Lehrern. Aber auch Engel, Elfen, Einhörner oder Drachen können Helfer aus den »anderen« Welten sein. Wenn du einen Lieblingsbaum hast und dich mit ihm austauschst, von ihm Kraft erhältst und ihn um Inspiration bittest, kann auch er so etwas wie ein geistiger Helfer für dich sein.

Schamanen haben meist ein ihnen besonders nahestehendes Helferwesen, mit dem sie schon intensivste und auch herausfordernde Erfahrungen gemacht haben. Sie erhalten von ihm nicht nur wertvolle Ratschläge, sondern können sich auch mit seiner Kraft und seinen ganz speziellen Stärken verbinden und sie für ihre Heilarbeit nutzen. Diese Verbündeten sind immer unterstützend für den Schamanen da – und auch für uns, wenn wir uns mit einem solchen Wesen vertraut machen. Jeder Mensch, der sich für die geistige Welt öffnet, wird dort Verbündete finden, mit denen er zusammenwirken kann. Letztlich geht es nur darum, sich der Möglichkeit, ein solches Wesen zu treffen, zu öffnen. Manchmal ist es ganz einfach: Dann ist dein Lieblingstier zugleich auch dein Krafttier. Wenn du dich in einem ruhigen Moment darauf einstimmst, kannst du es möglicherweise schon erfahren – weil du dieses Tier innerlich spüren und erleben kannst. Klassischerweise findet man sein Krafttier auf einer schamanischen Reise (ab Seite 77).

LEIBLICHE UND SPIRITUELLE AHNEN

Auch unsere Ahnen – diese vielen, vielen Menschen, die vor uns gelebt haben – können für uns ein Feld der Unterstützung sein. Viele Menschen stehen in einer engen Verbindung zu einer bereits verstorbenen

SELBST ERLEBT
Tierisch unterstützt

Nach einem Abendworkshop kam eine Frau zu mir und erzählte, dass sie schon seit Langem eine starke Verbindung zu Schmetterlingen spürte. Sie hatte sich nämlich angewöhnt, immer dann, wenn sie in der Natur draußen einen Schmetterling sah, einen Moment innezuhalten und darauf zu lauschen, was gerade in ihr war oder ob es aus der Natur eine Botschaft für sie gab. Und oft hatte sie damit ganz erstaunliche und hilfreiche Erfahrungen gemacht.

Nun war ihr bewusst geworden, dass dieser Schmetterling ihr Krafttier sein könnte. Das erfüllte sie mit großer Dankbarkeit. Und es verstärkte ihre Bereitschaft, mitten im Alltag regelmäßig innezuhalten und sich ihrem Schmetterling zuzuwenden, selbst wenn sie gerade im Büro war und keinen »realen« Schmetterling sah.

Großmutter oder einem Urgroßvater, der ihnen etwas Bestimmtes bedeutet, ganz gleich, ob sie ihm zu Lebzeiten noch begegnet sind oder nicht. Sie erleben, dass sie von diesen Ahnen in inneren Gesprächen Ratschläge oder Trost in schweren Momenten erhalten. Über diese leiblichen Vorfahren hinaus gibt es auch sogenannte spirituelle Ahnen: Das sind geistige Unterstützer in menschlicher Gestalt, die aus früheren Zeiten stammen, aber nicht direkt mit uns verwandt sind. Vielleicht eine Kräuterkundige aus dem europäischen Mittelalter, ein Stammesführer aus dem frühen Amerika, eine Tänzerin aus Hawaii oder ein weiser Mönch aus dem alten Tibet. Über eine innere Reise lernst du sie kennen und erfährst fortan ihre Hilfe. Wenn du dich mit einer Ahnin oder einem Ahnen vertraut gemacht hast, können sie dich bei deinen Alltagsritualen unterstützen und ihnen auf diese Weise mehr Tiefe verleihen.

Die Angebote in diesem Buch erfordern es nicht, dass du geistige Verbündete kennst und mit ihnen in Kontakt gehst. Doch Rituale können eine noch stärkere Kraft entfalten, wenn du deine Krafttiere oder Engel oder wen auch immer einbeziehst. Letztlich bist nie du allein derjenige, der etwas bewirkt, doch in der Zusammenarbeit mit einem geistigen Helfer wird dir dies unmissverständlich bewusst.

Wie kannst du die Verbündeten aus der geistigen Welt in deine Rituale und ganz allgemein in dein Leben einbeziehen? Du hast hier viele Möglichkeiten – und immer ist es letztlich »nur« eine Frage des Bewusstseins. Mach dir daher regelmäßig bewusst, dass du diese Verbündeten hast, ob du sie schon kennst oder nicht. Nimm dir zum Beispiel jeden Morgen oder jeden Abend einen Moment Zeit, um dich in Ruhe hinzusetzen und dich gedanklich mit ihnen zu verbinden. Bitte um Unterstützung und spüre, was du daraufhin wahrnehmen kannst. Vielleicht tauchen Bilder vor deinem inneren Auge auf, es zeigen sich Erinnerungen oder du hörst bestimmte Geräusche oder Worte. Vertraue diesen inneren Stimmen. Wenn du ein Gespür für die Unterstützung aus der geistigen Welt bekommen hast, dann kannst du die Helferwesen auch vor einem Alltagsritual ganz kurz um ihren Beistand bitten. Das wird deine Achtsamkeit im rituellen Tun noch erhöhen. Und es wird dein Gefühl stärken, dass du in etwas Größeres eingebunden bist.

Gegenstände aufladen

Du kannst deine geistigen Helfer bitten, ein Tuch, eine Tierfigur, einen Stein oder eine Feder mit ihrer Kraft aufzuladen. Während du den Gegenstand in deinen Händen hältst, spürst du, wie ihre Kraft in ihn einfließt. Fortan kann dich dieses Objekt mit dieser Energie verbinden, dich schützen und gezielt stärken.

ALLTÄGLICHE UND NICHT-ALLTÄGLICHE WELT

Die Schamanen aller Kulturen erleben es seit Jahrtausenden so, dass es neben unserer ganz normalen Alltagswelt noch eine andere Welt gibt. Diese nicht-alltägliche Wirklichkeit ist ein Raum voller unendlicher Möglichkeiten, in dem alles zu uns spricht und in dem jegliches Wissen und jegliche Kraft vorhanden sind. Diese Welt durchdringt unsere und wir können Zugang zu ihr finden.

ALTES WISSEN
AUF MODERNE WEISE NUTZEN

In traditionellen Kulturen fand die schamanische Arbeit immer eingebettet in die Gemeinschaft statt. Jede Heilarbeit diente letztlich der
Heilung des gesamten Dorfes, des Umfelds und nicht zuletzt der Natur,
in der die Menschen lebten. Gerade die großen Rituale hatten fast
immer einen sehr langen Vorlauf. Oft wurde einen oder mehrere Tage
lang gefastet, das Ritual wurde aufwendig vorbereitet und gestaltet, die
Menschen der ganzen Umgebung waren involviert.
Für uns heute sind solche großen Rituale nur selten möglich – wir
zelebrieren sie vielleicht bei einer Hochzeit, aber sonst kaum noch.
Und: Wir müssen es auch nicht. Es ist für uns heute nicht nötig, Heilarbeit und Bewusstseinsarbeit mit so großem Aufwand zu betreiben, wie
es damals gemacht wurde und in einigen Kulturen bis heute geschieht.
Ich habe mehr als drei Jahrzehnte Erfahrung in der schamanischen
Heilarbeit und erlebe, dass Heilung heute schneller geht. Ist ein Mensch
offen dafür, braucht es häufig nur regelmäßige kurze Momente echter
innerer Wachheit. Kleine Impulse oder sorgsam ausgeführte Alltagsrituale können ausreichen, um einen echten Wandel zu bewirken.

>**»Die Welt ist das,
>was du denkst, was sie ist.«**
>Eine Weisheit der Kahunas

INNEHALTEN

Spürst du das Größere?

Kennst du die Erfahrung, dich vollkommen eingebettet in etwas Größeres zu erleben? Kannst du spüren oder hast du Erfahrungen mit dem Gefühl, wie gut begleitet du bist – von Kräften oder Wesen, die du gar nicht genau benennen oder beschreiben könntest? Kennst du die Verbundenheit mit dem Geistigen, die dein Herz ganz und gar öffnet?

Wir sind es heute gewohnt, von der alltäglichen in die virtuelle Welt zu switchen. Wir brauchen dafür einen Computer – und schon agieren wir in dieser anderen Welt. Ohne jegliche Hardware können wir uns mit ein wenig Übung auch in den Bewusstseinswelten bewegen. In einem Moment sind wir im Alltagsbewusstsein und gehen zum Beispiel zur Arbeit. Und während wir gehen, switchen wir in die nicht-alltägliche Welt und lassen uns von einem Krafttier einen Ratschlag zuflüstern oder nehmen innerlich Kontakt zu einem Baum auf, der an der Straße steht. Oder wir verbinden uns für ein paar Momente mit dem großen Ganzen und spüren, wie uns das Herz aufgeht. Wir erleben für einige Sekunden tiefe Dankbarkeit dafür, in so einem reichen Kosmos zu leben und ihn immer feiner in all seinen Facetten wahrnehmen zu können.

Mit den Ritualen in diesem Buch möchte ich dich anregen, den Wechsel vom alltäglichen Bewusstsein in ein umfassenderes Bewusstsein so oft wie möglich zu üben. Vielen spirituellen Lehren zufolge liegt genau in diesem Vermögen die Quelle der Heilung und des Gelingens. Auch wenn die Rituale ganz simpel erscheinen – wenn du sie mit einem wachen Geist ausführst, können sie dir viel Erfüllung und heilsamen Wandel schenken.

Minirituale für jeden Tag

Kennst du diese Erfahrung? Der Tag wird so, wie du selbst bist. Bist du gut gelaunt, läuft alles bestens. Bist du schlecht drauf, scheint dir auch die Welt unfreundlich zu begegnen. Kleine Rituale helfen dir, dich selbst positiv zu stimmen, dich auf das auszurichten, was dir wichtig ist, und deine Kraft bei dir zu behalten. Es gibt dafür viele spielerische Möglichkeiten: am Morgen, auf dem Weg zur Arbeit, im Büro, in der Mittagspause, am Abend…

MORGENS:
AUSRICHTUNG FÜR DEN TAG

Jeden Morgen werden wir mit einem neuen Tag beschenkt, mit der Chance, weitere vierundzwanzig Stunden zu gestalten, zu erfahren, vielleicht sogar zu genießen. Manche Tage gelingen, andere erleben wir als schwierig oder anstrengend, wir sind unzufrieden mit uns oder mit der Welt. Vielleicht hast du auch schon die Erfahrung gemacht, dass sich ein Tag umso besser gestaltet, je klarer du ihn morgens beginnst. Man spricht auch davon, dass jemand »mit dem falschen Fuß aufgestanden« ist und deswegen die nächsten Stunden mit schlechter Laune verbringt. Wenn an dieser Idee etwas Wahres dran ist, müsste das heißen, dass wir nur mit dem richtigen Bein – welches auch immer das ist – aufzustehen brauchen, und schon wird dieser Tag ein schöner Tag.

Morgenroutine

Viele Menschen meditieren am Morgen, praktizieren Yoga, sprechen ein Gebet oder stimmen sich auf eine ähnliche Weise auf den Tag ein. Sie zentrieren sich, spüren sich selbst in ihrer Mitte und richten sich innerlich auf das aus, was ihnen im Leben wichtig ist. So kann es ihnen in den Strudeln des Alltags nicht so leicht abhandenkommen, denn jeden Morgen orientieren sie sich wieder neu darauf. Deswegen kann eine sogenannte Morgenroutine – immergleiche morgendliche Abläufe, die uns Kraft und Ausrichtung geben – ein schönes Ritual sein, Tag für Tag gelingen zu lassen und sich selbst treu zu bleiben. Für eine solche Praxis gibt es unendlich viele Möglichkeiten: klassische wie Meditation oder Tai Chi oder auch ausgefeilte kleine Rituale, wie du sie hier im Buch findest.

INNEHALTEN

Was ist dir wichtig?

Der Dalai Lama sagt, dass alle Menschen glücklich sein wollen. Was heißt das für dich? Wofür schlägt dein Herz? Was könnte es ein, dass deine Augen zum Leuchten bringt? Was lässt dich die Welt umarmen? Was gibt dir einen Sinn? Stell dir solche Fragen und mach dir deine Antworten möglichst oft am Morgen neu bewusst. Das ist der beste Start in den Tag.

Vieles, was uns im Laufe des Tages begegnet, können wir nicht beeinflussen. Wahrscheinlich das meiste nicht. Aber wir können in uns für so viel Klarheit sorgen, dass wir nicht einfach zum Spielball dessen werden, was der Tag uns vor die Füße spült. Wenn wir achtsam und fokussiert sind, dann ist in uns ausreichend Raum, um auf die Ereignisse bewusst einzugehen. Dann können wir entscheiden, wie wir reagieren, wenn uns die S-Bahn vor der Nase wegfährt, wenn im Job etwas schiefläuft oder unsere Kinder gar nicht so wollen wie wir. Wir bemerken viel feiner, was tatsächlich geschieht, und können so damit umgehen, dass es uns und der Situation guttut.

Genau diese Achtsamkeit – diesen inneren Abstand zu den Dingen, die im Außen geschehen, diese Fähigkeit, bewusst mit den Dingen umzugehen, statt sich von ihnen überrollen zu lassen – kann uns ein Morgenritual schenken, das wir regelmäßig praktizieren. Ich möchte dir dafür ein paar Ideen geben und dich anregen, selbst kreativ zu werden und dein ganz eigenes Ritual zu finden. Vielleicht behältst du es eine Woche lang bei und entwickelst dann ein neues, oder du bleibst bei einem Ritual und erfährst es Tag für Tag tiefer.

MINIRITUAL
Den Tag vorbereiten

Skiabfahrtsläufer gehen vor einem wichtigen Rennen im Geist die Strecke immer wieder durch. Während sie morgens noch im Bett liegen oder später dann am Startpunkt stehen, fahren sie die gesamte Piste, Kurve für Kurve, Schwierigkeit für Schwierigkeit, gedanklich bereits einmal ab und stellen sich jedes Detail vor ihrem inneren Auge vor. Sie spüren, wie ihr Körper in jeder Zelle die vorgestellten Bewegungen mitmacht.

Genauso kannst du dich auf deinen Tag vorbereiten, auch wenn du natürlich noch nicht jede Biegung und jeden möglichen Abhang kennen kannst. Das macht aber nichts, denn die wesentlichen Eckpunkte sind dir bekannt. Setz dich also morgens in Ruhe hin und geh in Gedanken die einzelnen Stationen durch, die heute höchstwahrscheinlich auf dich warten. Gönn dir an jedem wesentlichen Punkt ein paar Atemzüge und spüre dich in die Situation ein. Erlaube dir, dabei ganz ruhig zu werden und diese Ruhe sich ausweiten zu lassen. Wenn du am Abend beim Schlafengehen angekommen bist, beende diese Übungen und beginne deinen Tag.

Alternativ kannst du morgens auch durch deine Wohnung tanzen – von Tagesstation zu Tagesstation. Dann ist dein Schlafzimmer dein Zuhause, dein Bücherregal ist das Büro, der Balkon oder das Fenster steht für die Mittagspause, danach geht es zurück zum Bücherregal ins Büro ... Du tanzt, hüpfst, springst, läufst in Zeitlupe, gehst rückwärts ... Lass das Kindliche in dir lebendig sein, während du dich von Station zu Station bewegst. Schenke dir das Gefühl, dass dein Tag ein wundervolles, leichtes, freudiges Abenteuer ist. Dieses Gefühl wird dich dann durch all deine Vorhaben tragen und es kann dir auch dann ein Lächeln auf die Lippen zaubern, wenn mal etwas nicht so klappt wie gewollt.

Teamwork

Wähle dir Unterstützer für den heutigen Tag. Das kann für eine längere Zeit die gleiche Kraft sein, mit der du dich dann jeden Morgen neu bewusst verbindest. Oder du wählst jeden Morgen ganz frisch, wer heute an deiner Seite sein soll. Das können Krafttiere sein, die dir nahestehen – und du kannst sie als Bild auf dem Handy bei dir tragen, als Schal im Fellmuster oder als Spielzeugfigur, die du in der Jackentasche versteckst und immer wieder in die Hand nimmst, wenn du dich der Unterstützung deines Begleiters versichern willst. Vielleicht ist es auch ein Stein, der dir gefällt, oder du suchst dir einen Duft aus, der dich stärkt und den du im Laufe des Tages immer wieder neu auf dich wirken lässt.

Gerade von Krafttieren fühlen sich sehr viele Menschen stark angezogen. Sie berühren uns emotional, und wenn wir sie bei der schamanischen Arbeit einmal wirklich intensiv gespürt haben, dann wissen wir für unser ganzes Leben um ihre vielfältige Kraft. Mir fällt hierbei eine Klientin ein, die in einer beruflichen Krise steckte und dann ihr Krafttier fand: einen Marienkäfer. Man könnte meinen, dass das ein ganz harmloses und eher schwaches Geschöpf ist. Sie aber konnte sich ganz auf ihn einlassen und seine verborgenen Kräfte spüren. Eine Zeit lang machte sie es sich zum Ritual, jeden Morgen ein paar Minuten lang mit diesem Krafttier ins Gespräch zu kommen. Sie setzte sich hin, atmete einige Male tief durch, um ganz bei sich anzukommen, und dann begrüßte sie ihren Marienkäfer. Sie nahm dazu eine kleine Holzfigur eines solchen Käfers in die Hand, um ihn sich besser vergegenwärtigen zu können. Sie fragte ihn, was heute wichtig sei – und immer erspürte sie intuitiv eine Antwort, die ihr half. Dieses Krafttier trug sie tatsächlich Schritt für Schritt aus der schwierigen Phase heraus und schenkte ihr neue Lebensfreude und Leichtigkeit.

DIE KRAFT DER ABSICHT

Bei jedem Ritual und auch bei der Ausrichtung auf den Tag kommt der Absicht eine ganz entscheidende Bedeutung zu. Es ist einerseits nötig, genau zu wissen, was dir wichtig ist und was du möchtest, und dich dann auch darauf auszurichten und darauf fokussiert zu bleiben. Wenn du zum Beispiel inneren Frieden möchtest, ist es günstig, dir das immer wieder bewusst zu machen, um auch in aufwühlenden Situationen mit dieser Absicht verbunden bleiben zu können und nicht einfach nur in den Strudel der hochschießenden Emotionen zu geraten.

Ein morgendliches Ritual, das dich deinen inneren Frieden für ein paar Momente spüren lässt, ruft genau diese Qualität in dir wach und verstärkt sie nach und nach auch in deinem Alltag. So steht sie dir mit der Zeit dann auch immer selbstverständlicher zur Verfügung, wenn es gerade mal nicht so friedlich in deinem Umfeld und in dir zugeht. Du kannst dann beobachten, dass unter fast allen Umständen doch etwas in dir friedlich bleibt und sogar an Kraft gewinnt, wenn du dich darauf ausrichtest. Mithilfe dieses Rituals kann sich dein ganzes Leben verwandeln, weil du friedvoller mit anderen, mit dir selbst und mit den Ereignissen umzugehen beginnst.

Eine Absicht sollte »ungefähr genau« sein. Klar – und doch flexibel.

Eine Absicht zu hegen, heißt andererseits aber nicht, stur den eigenen Kopf durchsetzen zu wollen, ganz egal was das Leben oder die anderen Menschen gerade wollen. Wenn du mit dem Auto unterwegs bist und dir am Zielpunkt einen Parkplatz wünschst, dann hat es wenig Sinn, dir ganz exakt die Stelle auszumalen, wo er bitteschön frei sein soll. Das mag manchmal klappen und meistens wird es nicht funktionieren. Wenn du dir aber stattdessen die Ausrichtung gibst, im nahen Umfeld deines Zieles einen Parkplatz zu finden und dich auch ganz entspannt darauf fokussierst, dann – so erfahren es die meisten und so kennst du es sicherlich auch – klappt es. Es geht darum, sich durchaus auf eine eigene Absicht auszurichten, zugleich aber offen für das Umfeld zu bleiben, für die anderen Menschen, für veränderte Stimmungen in dir selbst und auch für das Leben, das dir häufig eben ganz andere Dinge präsentiert, als du dir vorgestellt hast. Und wie oft sind es ohnehin viel schönere Dinge als die, die du geplant hast.

MINIRITUAL

Morgens schon den Abend spüren

Setz dich am Morgen für einen Moment hin und spür dich in den Abend des heutigen Tages ein. Lass eine tiefe Zufriedenheit in dir aufkommen, wenn du an den heute erlebten Tag zurückdenkst. Frage dich in der vorgestellten Rückschau, was an diesem Tag gut war. Genieße all das, was dir dazu einfällt, und spür vielleicht sogar, wie sich Dankbarkeit in dir ausbreitet.

Überleg dir, was du dazu beigetragen hast, damit es ein guter Tag werden konnte. Verinnerliche diese von deiner Seite aus nötigen Dinge.

ARBEITSWEG:
IN RESONANZ MIT DER WELT

Ob dein Arbeitsweg kurz oder lang ist, ob du zu Fuß, mit dem Fahrrad, mit dem Auto oder den öffentlichen Verkehrsmitteln unterwegs bist – du kannst auch diese regelmäßig wiederkehrende Phase deines Tages mit einem Ritual verbinden und dir so zusätzliche Kraft und Klarheit in dein Leben holen. Letztlich geht es einfach darum, dir bewusst zu machen, dass auch der Weg zur Arbeit (und natürlich auch der Rück- weg) Lebenszeit ist. So lästig dir die Zugfahrt, der Stau oder das Hasten

MINIRITUAL
Die Kraft eines Steins

Wenn du morgens aus der Tür gehst, such dir einen Stein, heb ihn auf, betrachte ihn und erkunde ihn mit deinen Fingern. Steck ihn ein und nimm ihn mit. Geh davon aus, dass er die Kraft enthält, die dich bei deinen aktuellen Aufgaben unterstützt. Dass er die Antworten auf deine Fragen kennt. Du selbst musst sie jetzt nicht wissen, aber du trägst sie bei dir: in Form dieses Steins. Spür ihn auf deinem Arbeitsweg und erlebe, wie es sich anfühlt, auf seine Kraft zu vertrauen, scheinbar wider alle Vernunft.

Wenn du am Abend zurück nach Hause kommst, kannst du den Stein wieder dort ablegen, wo du ihn am Morgen gefunden hast. Vielleicht nimmst du am nächsten Tag wieder den gleichen Stein mit – oder einen anderen.

Der Stein weiß Bescheid

Es hat wenig Sinn, lange über solche komplexen Zusammenhänge wie die Verbundenheit von allem, was existiert, zu philosophieren. Besser ist es, es einfach zu erleben. Das können ganz kleine Erfahrungen, Zehntelsekunden der Erkenntnis sein, die einen heilsamen Wandel bringen. So wie bei einer Freundin von mir, der ich das Ritual mit dem Stein vorgestellt habe, als wir gerade durch die Stadt liefen. Sie fragte erstaunt: »Was? Irgendein Stein? Das kann ja gar nicht sein!« Sie bückte sich und hob einen kleinen Kiesel auf, der zwischen den Gehwegplatten lag. Sie schaute ihn an, wurde dabei kurz ruhig, um sich wirklich auf ihn einzulassen, und rief dann verblüfft: »Stimmt, er weiß es! Ich selbst kapiere es noch nicht, aber ich spüre, dass er es weiß. Verrückt! Irgendwie gibt es mir Zuversicht: Die Antwort existiert bereits.«

zu Fuß bei schlechtem Wetter manchmal sein mag, es gehört zu deinem Leben. Und das Tag für Tag. Gestalte diese Zeit also so, dass sie dir Energie gibt, statt dich zu nerven.

Ein beliebiger Stein, der die Antworten auf deine Fragen kennt? Ist das nicht ziemlich unsinnig? Im schamanischen Weltbild geht man – wie schon erwähnt – davon aus, dass alles mit allem verbunden und alles in allem enthalten ist. Du bist genauso wie jeder Stein mit etwas Universellem verbunden. Tauchst du in die geistige Ebene ein, wird diese Verbundenheit spürbar und es werden Antworten und Lösungen sichtbar, die sonst nicht zutage getreten wären. Letztlich machen sich alle Orakel der verschiedenen Kulturen genau diese Gesetzmäßigkeit zunutze. Nicht immer kommt unser rationaler Verstand dabei mit, aber wenn wir entsprechende Erfahrungen gemacht haben, dann wird auch er aufhören zu zweifeln. Wir tauchen ein in eine erweiterte Realität.

ÜBER SCHWELLEN GEHEN

Der Arbeitsweg ist ein Übergang von einem Ort zum anderen, von einem Zustand in einen anderen. Zu Hause bist du eine private Person mit ihren persönlichen Freuden und Sorgen. Bei deiner Arbeitsstelle aber hat man dich als jemanden angestellt, der bestimmte Aufgaben gut erledigen kann. Deine Chefs, Kollegen oder Mitarbeiter profitieren genauso wie du selbst, wenn du dich während deiner Arbeitszeit ganz vom Privaten löst und völlig die Rolle der dort Tätigen annimmst. Das heißt nicht, dass du alles Menschliche und Persönliche ablegen solltest. Auch jegliches Arbeiten geht mit Herz umso besser. Doch es hilft, einen klaren Fokus für das zu haben, was ansteht.

Wieder spielt die Absicht eine Rolle – und auf deinem Arbeitsweg könnte es deine Absicht sein, dich Schritt für Schritt von der Privatperson in die Berufsperson zu verwandeln und dich ganz auf die anstehenden Aufgaben einzustimmen. Am besten so, dass du dich auf sie freust.

MINIRITUAL
Übergänge vollziehen

Mach es dir zur Gewohnheit, dich beim Eintreten in das Gebäude, in dem du arbeitest, kurz zu schütteln. Tu dies in dem Bewusstsein, dass du alles abschüttelst, was nicht zu dir in der Funktion der Arbeitenden gehört. Streit mit dem Partner, eine ärgerliche Situation in der S-Bahn, die Sorgen um deine älter werdenden Eltern. All das kann draußen bleiben, während du arbeitest. Spür das Plus an Kraft, wenn du deine Lebenswelten sanft, aber klar trennst.

AM ARBEITSPLATZ:
DIE BALANCE FINDEN

Die meisten von uns verbringen einen großen Teil ihrer Zeit mit einer beruflichen Tätigkeit. Sehr viele scheinen diese Zeit regelrecht aus dem eigentlichen Leben auszuklammern. Damit aber vergeben sie sich sehr viel – nicht nur Lebenszeit, sondern auch das schöne Gefühl, wertvolle Qualitäten erlernt zu haben, die nicht nur im Beruf, sondern im übertragenen Sinne fast immer auch im restlichen Leben genutzt werden können. Statt also die Zeit im Job einfach nur hinter dich zu bringen, kannst du sie mit kleinen Ritualen zu kostbaren Bausteinen deines Lebenskunstwerks machen, die dir widerspiegeln, wozu du alles in der Lage bist – im Beruf selbst, im Umgang mit Kollegen, Vorgesetzten, Mitarbeitern oder Kunden und in der Führung deiner eigenen Persönlichkeit.

MINIRITUAL
Tief durchatmen

Schließ für ein paar Sekunden die Augen – außer natürlich, du arbeitest an Maschinen oder lenkst ein Fahrzeug oder Ähnliches – und stell dir vor, du bist im Wald. Sieh die Bäume, durch deren Äste das Sonnenlicht zu dir nach unten dringt. Sieh, wie das Moos in sanftem Grün leuchtet. Rieche das Harz und genieße diese sinnlichen Vorstellungen. Atme dreimal tief durch, so wie du es im Wald am liebsten tust. Widme dich dann wieder deiner Arbeit.

Ein lohnenswertes Ideal:

Körper, Geist und Seele

im Einklang. Auch im Job.

KRAFTVOLL UND KONZENTRIERT

Nicht immer ist es leicht, fokussiert bei der Sache zu bleiben. Vieles lenkt ab, unsere Stimmungen sind nicht immer so stabil, wie wir es gern hätten, und manche Aufgaben stellen uns vor größere Herausforderungen. Vielleicht hilft dir die Vorstellung, dass dein Arbeiten wie der Lauf eines Flusses ist. Er wird irgendwann das Meer erreichen, aber er muss nicht heute dort ankommen. Er legt einen Weg zurück, manche Flüsse einen kurzen, andere einen langen, der sie durch ganze Kontinente führt. Auf seinem Weg gleitet der Fluss mal ruhig dahin, dann wieder kommen Felsen und Stromschnellen, die ihn in Unruhe versetzen. Das Wasser aber strömt einfach immer weiter.

Natürlich müssen Projekte abgeschlossen werden. Letztlich aber gibt es kein Fertigwerden, es gibt nur jeden einzelnen Moment, in dem das zu bewältigen ist, was gerade ansteht. Fertig zu sein, würde letztlich heißen, in Rente zu gehen oder tot zu sein. Bis dahin bewegt sich der Fluss unseres Tuns unaufhörlich weiter. Jeden Tag bringt er uns neue Aufgaben und jeden Tag können wir nicht mehr – und nicht weniger – tun als das, wozu wir eben in der Lage sind. An manchen Tagen scheinen wir regelrecht Bäume ausreißen zu können, und an anderen geht alles etwas langsamer. Jeder Schritt aber führt uns allmählich zum Ziel. Und dort wartet dann schon das nächste Projekt auf uns. Leben ist Bewegung und Leben ist Weiterentwicklung.

Der Schamanismus, der als die älteste spirituelle Weisheitslehre der Menschheit gilt, verbindet uns bis heute sehr intensiv mit der Natur. Nicht nur entstammen die geistigen Helfer wie die Krafttiere, von denen schon die Rede war, der Natur. Schamanisch Tätige bedienen sich auch sehr gern verschiedener Bilder aus der Natur – einfach, weil sie uns an unsere Wurzeln erinnern und tiefe Erfahrungen von Kraft und Getragensein, von Lebendigkeit und Verbundenheit mit allem Leben in uns wachrufen. Viele Rituale, die ich dir hier vorstelle, arbeiten auf diese Weise. Manche wecken einfach nur ein inneres Bild von etwas Natürlichem in dir, das dann seine Wirkung entfaltet – und dir zum Beispiel hilft, dich besser auf deine Arbeit zu konzentrieren oder gelassener zu sein. Der Natur können wir voll und ganz vertrauen, sie ist der »grüne Therapeut«, wie es beim Biologen Clemens Arvay heißt.

MINIRITUAL
Tiefe Wurzeln

Lass von dem Stuhl an deinem Arbeitsplatz aus in deiner Vorstellung tiefe Wurzeln in die Erde gehen. Stell dir, während du dort sitzt, vor, dass du dich an einen kräftigen Baum lehnst, der seine Wurzeln über Jahrzehnte hinweg stark und weit in die Erde wachsen ließ. Verankere dich ganz an diesem Platz, bevor du eine neue Aufgabe in Angriff nimmst. Nutze dieses Miniritual auch, wenn du eilig etwas fertigbekommen solltest, dich mehr getragen fühlen möchtest oder im Getümmel der Firma Ruhe für deine Arbeit finden willst. Mach dir bewusst, dass du ein Kind von Mutter Erde bist, ganz gleich wie technisch dir dein Arbeitsplatz zuweilen auch erscheinen mag.

MINIRITUAL

Erdenschwere spüren

In unruhigen Phasen oder besonders hektischen Momenten kann es dir helfen, einen Stein mit an deinen Arbeitsplatz zu bringen und gelegentlich ganz bewusst in die Hand zu nehmen. Spüre seine Schwere, das Gewicht, mit dem er seit Millionen von Jahren auf der Erde ist. Nimm wahr, wie viel langsamer für ihn die Uhren ticken, wenn er überhaupt einen Zugang zur Zeit in unserem Sinne hat. Schließlich sind Steine der Inbegriff der Zeitlosigkeit. Gib dich für einige Momente diesen Empfindungen und Überlegungen hin und wende dich dann wieder – mit neuer innerer Kraft – deinen aktuellen Aufgaben zu.

DIE LIEBEN KOLLEGEN

Der Arbeitsalltag wird natürlich nicht nur von uns allein gestaltet. Wir haben Mitstreiter, Chefs oder auch Kunden, die im Idealfall dazu beitragen, dass wir unsere Arbeit leicht und freudig verrichten, oftmals aber auch für Probleme sorgen. Geschäftliche Kontakte können sich auf kreative Weise befruchten, aber eben auch Schwierigkeiten mit sich bringen. Es muss gar nicht zu großartigen Streitereien kommen. Häufig beeinträchtigt es uns schon, wenn jemand, mit dem wir zum Beispiel das Büro teilen, schlechte Laune oder ernsthaften Kummer hat. Sicher sind wir dann gern menschlich für ihn da, letztlich aber wollen und müssen wir vor allem unsere Arbeit weiterbringen. In solchen Fällen kann es helfen, die Energie im Raum und vor allem in sich selbst aktiv zu verändern. Vielleicht gehst du, wenn eine Kollegin allzu angespannt oder sogar feindselig wirkt, zu deinen Zimmerpflanzen im Raum. Du wendest dich ihnen mit all deiner Aufmerksamkeit zu, gießt sie, redest mit ihnen, schenkst ihnen Wärme, zupfst ein welkes Blatt ab und versinkst einfach für ein paar Momente ganz in der Fürsorge für die Pflanzen. Es ist nicht möglich, gleichzeitig angespannt und genervt (von der Kollegin) und liebevoll (zu deinen Pflanzen) zu sein. Mit diesem kleinen Ritual richtest du deine Aufmerksamkeit aktiv auf etwas Freundliches und veränderst die Atmosphäre im Büro.

Ich kenne eine Frau, die über Monate hinweg größere Probleme mit einem Kollegen ihr gegenüber am Schreibtisch hatte, den sie als regelrecht zänkisch beschrieb. Irgendwann gewöhnte sie sich an, jeden Morgen bei Arbeitsbeginn und später noch einmal nach der Mittagspause in ihrer Vorstellung einen dichten Dschungel zwischen ihr selbst und dem Kollegen wachsen zu lassen. So fühlte sie sich sicher vor dessen Ausstrahlung und freute sich manchmal heimlich an kleinen Äffchen, die sich an den Lianen hin- und herschwangen. Mit der Zeit war es ihr immer besser möglich, freundlich auf den Kollegen einzugehen.

MINIRITUAL

Dicke Luft? Wasser hilft

Wenn es an deiner Arbeitsstelle größere Spannungen gibt, nimm dir gelegentlich einen Moment Zeit, geh ins Bad und wasch dir all den Ärger und Stress bewusst beim Händewaschen ab. Nutze die Seife, um dir vorzustellen, wie du alles, was dich belastet, aus deinen Händen löst und dann abspülst. Sieh zu, wie es im Ausfluss verschwindet. Atme noch einmal tief durch, spür deinen Körper und geh dann zurück an deinen Arbeitsplatz. Wenn es nicht anders möglich ist, reicht es auch aus, sich dieses kleine Ritual nur vorzustellen.

MEETINGS UND AUSSPRACHEN

Zu den Tücken des beruflichen Alltags gehört es für viele, dass sie in Sitzungen etwas präsentieren sollen, dass Vorgesetzte sie zu Gesprächen bitten oder dass wichtige Verhandlungen geführt werden müssen. Für solche Gelegenheiten ist es gut, ein paar Ideen griffbereit zu haben, die dabei helfen, sich zu sammeln, einen kühlen Kopf zu bewahren und die eigene Mitte zu spüren. Denn das ist der Ort, an dem unsere Kraft sitzt. Es gibt unzählige Möglichkeiten, sich auf einen wichtigen Termin oder ein entscheidendes Gespräch vorzubereiten. Die eine Seite ist natürlich die fachliche. Für diese Kompetenz solltest du möglichst im Voraus sorgen. Die andere Seite, die mindestens ebenso viel zählt, ist deine Ausstrahlung. Sie wird wesentlich dadurch bestimmt, wie du dich fühlst, was du über das Bevorstehende denkst und wie es allgemein um dein Selbstwertgefühl bestellt ist. Fakt ist: Du wirkst umso sicherer, je intensiver du mit dir selbst, mit deinem Inneren verbunden bist.

Auf der nächsten Seite schlage ich dir ein paar Minirituale vor, die sich besonders für die letzten Momente vor einem entscheidenden Termin eignen. Bestimmt hast du bereits eigene hilfreiche Routinen entwickelt. Ich möchte dich ermutigen, sie ernst zu nehmen und weiter auszubauen. Alles, was dir hilft, ist wertvoll. Ganz bewusst habe ich die Rituale in diesem Buch »Minirituale« genannt. Denn im Alltag reicht es aus, sich wenige Momente für eine bewusste Sammlung oder Neuausrichtung zu geben.

Alltagsrituale mögen
unscheinbar und bescheiden sein.
Doch sie sind stark in ihrer Wirkung.

Wenn wichtige Termine anstehen

- Ganz einfach: Bevor du zu einem wichtigen Termin gehst, halte noch einmal inne und spüre dich selbst. Nimm deinen Körper wahr, der von deinem Atem bewegt wird. Spüre deine Lebendigkeit, deine innere Stärke. Lass für einen Moment alle Gedanken los und werde ganz leer. Nachgewiesenermaßen gelingt alles Weitere besser, wenn wir uns für einen Moment in diese Leere, diese innere Weite begeben.

- Stell dir ein Kraftbild auf den Schreibtisch, vielleicht mit einem Baum, den du liebst, oder einer Landschaft, in der du am Wochenende oder im Urlaub Kraft schöpfst. Bevor du zu deinem Termin aufbrichst, schaust du bewusst auf dieses Bild und atmest noch ein paar Mal tief durch.

- Es kann auch ein Bild deines Krafttieres sein oder allgemein eines Tieres, das dich an deine innere Stärke erinnert. Betrachte es und spüre, dass seine Kraft auch in dir ist. Oder vielleicht hast du einen Gegenstand, der dich an diese Kraft erinnert: ein Tuch, einen Stein, eine Feder. Berühre sie und lass ihre Kraft in dich einfließen.

- Nimm ein paar Blätter Papier, einen Fächer oder eine Feder und fächer dir damit Luft zu. Stell dir dabei vor, wie du alle schwierigen Energien und alles Belastende aus deinem Energiefeld wegwedelst. Mach dir deine Aura bewusst, das energetische Feld um deinen Körper herum. Mit ihm verbunden fühlst du dich automatisch gestärkt und auch geschützt.

- Bevor du den Meetingraum oder das Büro deines Vorgesetzten betrittst, halte noch einen kleinen Augenblick inne und setz ein Lächeln auf.

MITTAGSPAUSE:
SICH WIRKLICH ERHOLEN

Die Mittagspause ist eine große Chance – vor allem auf Erholung, damit wir erfrischt an die Arbeit der zweiten Tageshälfte gehen können. Außerdem ist sie eine Chance darauf, wieder ganz zu uns zu kommen, wenn wir uns am Vormittag von Stress oder Ärger haben mitreißen lassen. Die Frage ist nur: Wie nutzen wir diese Pause? In Gemeinschaft oder für uns? Aktiv oder zur geruhsamen Entspannung? Mit Gesprächen, Musik oder lieber in Stille? Wir entscheiden am besten jeden Tag neu, was uns heute guttut, statt wie automatisiert mit den Kollegen in die Kantine oder zum Italiener über die Straße zu gehen.

INNEHALTEN
Was brauche ich jetzt?

Mach es dir zur Gewohnheit, zu Beginn der Pause kurz innezuhalten, durchzuatmen, deinen Körper zu spüren und dich zu fragen: Was brauche ich jetzt?

Lass die Antwort in dir aufsteigen. Versuche, dir nichts auszudenken, lass dein Inneres antworten, die Intuition, das innere Kind. Sei offen und lass dich überraschen, was als Antwort kommt – ob in Worten, Bildern oder Erinnerungen. Möglicherweise kommt dir ein Geschmack in den Sinn und du weißt, wohin du zum Essen gehen möchtest. Es können die unterschiedlichsten Dinge auftauchen. Genieße es, die Pause auch einmal ganz anders zu erleben.

Dein »Jetzt ist Pause«-Schalter

Wenn es dir oft schwerfällt, in dein Pausengefühl hineinzukommen, könntest du dir ein Ritual angewöhnen, das es dir erleichtert. Was könntest du tun oder dir sagen, wohin könntest du dich begeben oder wie könntest du dich bewegen, um dir selbst ganz deutlich das Signal zu geben, dass jetzt Pause ist und es nicht einmal mehr »zulässig« ist, über die Arbeit nachzudenken?

Während eine Ärztin ihren Kittel auszieht, bindest du dir vielleicht während der Arbeit ein Tuch um den Hals, um es dann zur Pause (und später auch zum Feierabend) ganz bewusst wieder abzulegen. Oder du klopfst mit den Fingern dreimal auf den Tisch und sagst dir: »Jetzt ist Pause.« Du kannst auch im Stehen alles von dir abschütteln, was mit deiner Arbeit zu tun hat, und dann bewusst einen Schritt in Richtung Tür in deine Pause hinein machen. Oder du hörst über Kopfhörer oder laut im Raum deinen Lieblingssong, dein »Kraftlied«, um dich in Pausenstimmung zu bringen. Ein Lied, das dich freudvoll daran erinnert: »Ja, ich lebe so gern!«

Vielleicht hast du schon solch ein kleines, möglicherweise noch unbewusstes Ritual. Beobachte dich, um es herauszufinden, und nutze es ab jetzt aktiv.

Damit wir wirklich abschalten und etwas anderes in uns wach werden lassen zu können, helfen Rituale sehr gut. Mit ihnen fokussieren wir uns darauf, dass jetzt etwas anderes folgt. Sie markieren eine Zäsur. Womit wir die freien Minuten dann füllen, dafür gibt es zahllose Dinge. Wir können ein Schwätzchen halten, mit einer Freundin telefonieren, uns im Bürosessel zurücklehnen und tagträumen, wir können im Park spazieren gehen und den Vögeln lauschen, uns auf eine Bank oder auf die Wiese legen und unseren Atem spüren, wir können ein Schläfchen halten oder genussvoll etwas essen. Letztlich ist es gleich, was wir tun. Wenn wir dabei wieder ganz zu uns kommen und die Gleise der Arbeit vom Vormittag verlassen, dann dient die Pause wirklich dem, wozu sie eingerichtet wurde. Wir benutzen unseren Körper anders als in den Stunden zuvor, das Gehirn aktiviert andere Areale – und so können sich die Bereiche entspannen und regenerieren, die zuvor mehr oder weniger angespannt waren und später in der nächsten Arbeitsrunde wieder gefragt sein werden. In diesem Sinne heißt Pause, etwas anderes zu tun als vorher. Und der Erholungseffekt dürfte umso besser sein, je verrückter das ist, was wir machen – nachgewiesenermaßen machen uns ungewöhnliche Dinge frischer, wacher und kreativer.

EINE HEILREISE UNTERNEHMEN

Eine Möglichkeit, unserem Gehirn und unserem Empfinden etwas ganz und gar nicht Alltägliches anzubieten, sind Heilreisen. Ich meine damit innere Reisen, die wir zum Teil steuern, in denen wir zugleich aber auch der Intuition und den geistigen Kräften Raum lassen, uns auf eine heilsame Weise zu überraschen. Solche Reisen lassen sich in einem ruhigen geschützten Rahmen in einer Trance erleben. Letztlich müssen sie jedoch nichts Außergewöhnliches sein. Du kannst eine Heilreise am Schreibtisch erleben, auf einem Stuhl auf der Terrasse oder auf der

»Man muss noch Chaos in sich haben, um einen tanzenden Stern gebären zu können.«

FRIEDRICH NIETZSCHE

Parkbank. Es kann ein Tagtraum sein, bei dem du dich in eine wundervolle Landschaft versetzt, mitten zwischen saftigem Grün und bunten
Blumen, umgeben von freundlichen Tieren oder dir lieben Menschen.
Oder du stellst dich unter einen imaginären Wasserfall, der alles von dir
herunterspült, was dich belastet und was dir Sorgen macht. Du spürst
das Gefühl, ganz und gar gereinigt, immer leichter und freier zu werden. Möglicherweise begibst du dich in deiner Vorstellung auch auf
dein Sofa zu Hause, wo du dich sicher und geborgen weißt und dich
entspannt ausruhen kannst. Vielleicht ist es auch der Garten deiner
Oma, in dem du dich früher so wohlgefühlt hast, oder der sprichwörtliche Ponyhof, den du dir in den schönsten Farben ausmalst.

SELBST ERLEBT

Besuch beim Heiler

Eine Klientin erzählte mir, dass sie sich in ihrer Mittagspause oft auf eine
innere Reise zu einem Heiler begibt. Sie hatte diese Möglichkeit zufällig
entdeckt: Vor einigen Jahren hatte sie sich sehr erschöpft gefühlt und war
deshalb in der Mittagspause nicht mit ihren Kolleginnen zum Essen gegan-
gen, sondern im Büro sitzen geblieben. Sie genoss die Ruhe dort allein,
lehnte sich in ihrem Sessel zurück, schloss die Augen und atmete sanft und
tief durch. Und dann sah sie vor ihrem inneren Auge einen weiten Raum
in einem sanften grünen Licht, mittendrin eine einladende Liege und
einen weise wirkenden Mann mit Bart und auffallend gütigen Augen. Sie
folgte seiner Einladung, sich auf die Liege zu legen und die Augen zu
schließen. Was sie dann erfuhr, war ein lebendiges Spiel von Farben und
Tönen, die durch ihren Körper zu wandern schienen. Diese »Therapie«
war so angenehm, dass sie sich ihr ganz hingab – und nachher gestärkt
wieder zu sich kam. Seitdem sucht sie diesen Heiler regelmäßig auf.

Ein Tanz mit deinem Krafttier

Wenn du dich erschöpft und müde fühlst, dann bitte in deiner Vorstellung ein Krafttier zu dir. Vielleicht hast du schon mit Krafttieren gearbeitet und weißt genau, wen du jetzt rufen möchtest. Oder du spürst intuitiv nach, welches Tier du jetzt gern an deiner Seite hättest – ganz egal, ob das ein Löwe ist, ein Pinguin oder ein geflügelter Drache. Alles ist möglich, was vorstellbar ist.

Stell dir vor, wie dieses Wesen nun bei dir ist. Spüre es in seiner ganz eigenen Art. Und dann lass zu, dich so zu bewegen, wie sich dieses Tier bewegt. Wenn du ungestört bist, kannst du diese Bewegungen mit dem ganzen Körper ausführen und dich für ein paar Momente ganz wie dieses Tier in seiner Anmut und Stärke fühlen. Du kannst das Wesen deines Krafttiers aber auch mit ganz kleinen, eher nur innerlichen Bewegungen nachempfinden, wenn du nicht auffallen möchtest. Spüre, wie sich neue Kraft in dir ausbreitet. Vielleicht hat dein Krafttier am Ende noch einen Tipp für dich, wie du deine Arbeit am Nachmittag gut bewältigen kannst.

DIE SINNE EINLADEN

In unserer Arbeit sind wir sehr oft ganz auf das Denken und Analysieren, Verstehen und Formulieren, Funktionieren und Fertigwerden ausgerichtet. Wenn wir in der Pause also andere Bereiche unserer selbst ansprechen wollen, ist es gut, aktiv die Sinne einzubeziehen: sehen, schmecken, riechen, hören, mit den Händen, ja dem ganzen Körper fühlen und empfinden. Es kann allein schon ein wirksames Ritual sein, am Beginn der Pause für ein paar Momente ein Fläschchen ätherisches Öl, das du magst, aufzuschrauben und daran zu riechen. Oder du sprühst dir dein Lieblingsparfüm auf und nimmst ganz bewusst den Duft wahr. Vielleicht massierst du dir auch ein wenig den Kopf und spürst ganz genau hin, was du dabei wahrnimmst.

Nicht zu vergessen, ist die Pause für uns meist ja die Zeit, in der wir essen – und genau das kann natürlich auch ein Fest für die Sinne sein, für Bewusstheit und ein innerlich waches Erleben. Etwas ganz bewusst zu essen, gehört zu den Klassikern des Achtsamkeitstrainings. Und tatsächlich ist es sehr wirkungsvoll, um aus Gedankenschleifen auszusteigen und sich wieder als lebendiges Wesen zu erfahren.

MINIRITUAL
Das Essen als Ritual

Nutze die Möglichkeit einer jeden Mahlzeit oder zumindest des Mittagessens, um ganz zu dir und in eine bewusst erlebte, heilsame Ruhe zu kommen, in eine Verbundenheit mit dem großen Ganzen. Statt also einfach loszufuttern, sobald das Essen auf dem Tisch ist, lass dir etwas mehr Raum: Halte inne, spüre für einen Moment deinen Atem und nimm wahr, wie du dasitzt. Betrachte das Essen und denk vielleicht an all diejenigen, die dabei mitgeholfen haben, dass du jetzt essen kannst. Spüre den Segen der Erde, der in diesem Essen enthalten ist. Vielleicht möchtest du dafür auch danken.

Nimm dann bewusst den ersten Bissen, spüre das Essen im Mund, erlebe seine Temperatur, die Konsistenz, den Geschmack – und iss dann, wenn du möchtest, ganz normal weiter. Überhaupt muss niemand merken, dass du gerade ein Ritual ausführst. Vielleicht aber steckst du mit deiner Stille auch die anderen ein wenig an, und ihr genießt gemeinsam in einer neuen Qualität euer Essen.

FEIERABEND:
DAS GEWESENE ABSTREIFEN

Feierabend ist etwas, was viele von uns kaum noch kennen. Zumindest nicht in der eigentlichen Bedeutung, die in dem schönen Wort steckt, das uns ja dazu aufruft, den Abend, die Zeit nach der Arbeit, zu feiern. Zu würdigen, dass wir heute etwas geleistet haben, und uns darauf zu freuen, dass wir uns nun ausruhen und vergnügen dürfen. In unserer heutigen Zeit hört das Tun einfach nicht auf. Das führt auch dazu, dass die Unterschiede zwischen den Zeiten verschwinden, in denen wir erst das eine und dann etwas vollkommen anderes tun. Letztlich verlieren wir den Wechsel zwischen Anspannung und Entspannung.

IM HIER UND JETZT

Die beiden Seiten der Lebensmedaille in einen Ausgleich zu bringen, ist eine sehr lohnende Unternehmung. Und der Feierabend kann ein ausgezeichneter Startpunkt dafür sein. Es ist für diese Weichenstellung – wie immer – nicht nötig, sich mehrere Stunden Zeit dafür freizuräumen und ganz außergewöhnliche Dinge zu tun. Denn einerseits brauchen unser Körper und unser Geist natürlich Zeit, um zu entspannen und zu regenerieren. Zum anderen aber kann eine einzige Minute ausreichen, um unseren inneren Zustand zu verändern und so Entspannung und Erholung erst zu ermöglichen. Eine Minute, in der wir uns auf uns selbst besinnen, darauf, dass wir leben, auf unseren Atem, auf unseren Stand auf der Erde. Diese eine Minute kann uns komplett herausholen aus dem Stress des Arbeitstages, aus aktuellen Sorgen und Ängsten. Denn all das ist eng mit unserer Idee von Zeit verbunden. Wir müssen an die Zukunft denken, um uns Stress und Sorgen überhaupt machen zu können. Im gegenwärtigen Moment ist einfach alles so, wie es ist. Diese eine Minute vollkommener Gegenwärtigkeit bringt uns ins Hier und Jetzt und lässt das Gedankenkarussell zur Ruhe kommen. Und damit ist diese eine Minute auch der perfekte Start in den Feierabend.

Ich vergleiche Feierabendrituale gern mit einer Schleuse: Wir kommen von der Arbeit und den oftmals hektischen Aktivitäten des Tages – und wollen in die Ruhe oder Fröhlichkeit, die Entspannung und den Genuss des Feierabends gehen. Wir kommen aus einem Zustand und möchten den nächsten erreichen. Eine Schleuse nun, ein Zwischenraum, in dem sich der Wandel vom einen in den anderen Zustand vollziehen kann, ist dafür ein gutes Hilfsmittel. Auch die Joggingrunde nach der Arbeit, der Spaziergang mit dem Partner, der Kaffee oder Tee beim Nachhausekommen sind solche Schleusen.

MINIRITUAL

Schleusen in den Feierabend

Du kannst Türen, Gänge und sehr gut auch einen Fahrstuhl als Schleuse zwischen Arbeit und Feierabend nutzen. Wenn du deinen Job beendet hast, tritt ganz bewusst in eine solche Schleuse ein, halte inne und nimm wahr, dass du jetzt gewissermaßen in einem Niemandsland bist. Das geht in einem Gang oder Lift natürlich noch leichter als bei einer einfachen Tür. Doch auch dort kannst du dir bewusst machen, dass du jetzt die Arbeitsenergie hinter dir lässt und deine »Arbeitshaut« abstreifst. Wenn du den Gang oder Fahrstuhl wieder verlässt beziehungsweise den nächsten Raum hinter der Tür betrittst, bist du in deinem privaten Ich angekommen. Das Gleiche kannst du auch beim Nachhausekommen tun, wenn du durch die Schleuse deiner Wohnungs- oder Haustür gehst.

DAS ALTE ABLEGEN

Seit uralten Zeiten gehört es zum Schamanismus, dass man die Energiefelder beachtet, in ihrer Wirkung ernst nimmt und für sie Sorge trägt. Das kann heißen, dass man seine Lebensräume regelmäßig energetisch reinigt. Ein besonderer »Lebensraum« ist dabei die Aura, das Energiefeld des Körpers. Auch das empfiehlt es sich, immer wieder zu reinigen. Als Ritual eignet sich das hervorragend für den Feierabend.

RÄUCHERN ZUM REINIGEN

Am besten geht das mit einer traditionellen Methode, die sich auch heute sehr großer Beliebtheit erfreut: dem Räuchern. Dazu wählst du dir ein Harz oder ein getrocknetes Kraut und verbrennst es auf Räucherkohle. Oder du zündest einfach ein Bündel Kräuter an, pustest die Flammen aus, lässt es glühen und verteilst den Rauch mit einem Fächer oder einer Feder um deinen Körper herum und dann auch in den Räumen deines Zuhauses oder deines Arbeitsplatzes.

Räuchermittel

Vom indianischen Schamanismus haben wir das Räuchern mit Weißem Salbei übernommen. Er besitzt reinigende und schützende Kräfte. Es gibt aber auch sehr viele andere natürliche Räucherstoffe: Beifuß zum Beispiel war bei den kräuterkundigen Frauen in Europa stets sehr beliebt, er wirkt ermutigend und stärkend. Harze wie der Weihrauch wurden in kirchlichen Traditionen viel benutzt. Weihrauch gilt dabei als Lichtbringer. Wacholder nahm und nimmt man gern, um unangenehme Energien zu vertreiben. Kiefernharz schenkt neue Energie und versetzt in eine gute Stimmung. Wenn du dich stärker für die geistigen Sphären öffnen möchtest, dann ist Zeder sehr zu empfehlen.

In vielen alten Kulturen rund um den Erdball geht man davon aus, dass sich durch den Rauch bestimmter Pflanzen ungünstige Energien – oft einfach »böse Geister« genannt – vertreiben lassen. Mit ein wenig Feingefühl wirst du spüren, dass sich deine eigene Energie und die des Raumes durch das Räuchern tatsächlich verändern: Sie werden klarer und auf eine besondere Weise lichter. Mit einem Räucherritual ab und zu in den Feierabend zu starten, kann es dir ermöglichen, dich viel tiefer zu regenerieren, neue Kraft zu tanken und so auch mehr von deiner Freizeit zu haben. Es ist eine sehr einfache Art, etwas Gutes für sich zu tun und in den Alltag einzubauen.

MINIRITUAL
Mit Klängen reinigen

Mach es dir zum Ritual, beim Nachhausekommen dein eigenes Energiefeld und das deiner Wohnräume auf ganz besondere Weise zu reinigen und neu zu beleben – und zwar mit der Kraft der Klänge. Such dir dazu ein geeignetes Instrument: Das können Zimbeln sein, eine Klangschale oder eine Rassel, ganz gleich, ob in einem Weltmusikladen gekauft oder aus einer Dose und kleinen Kieselsteinen selbst gebastelt. Während du mit diesen Instrumenten die entsprechenden Klänge erzeugst, fährst du damit durch deine Aura und gehst danach durch den Raum, sodass sich die Schallwellen überall ausbreiten können. Tu dies in großer Achtsamkeit und richte dich innerlich darauf aus, dass diese Klänge dich selbst und deine Umgebung mit ihrer Energie reinigen und energetisieren sollen. Wenn du möchtest, kannst du statt der Instrumente auch deine eigene Stimme einsetzen und tönen oder singen.

WAS KLÄNGE KÖNNEN

Aber nicht nur das Räuchern verändert die Atmosphäre und das eigene
Energiefeld auf positive Weise, auch Klänge können eine solche Wirkung entfalten, wie das Miniritual auf der letzten Seite zeigt. Es schärft
auch unser Bewusstsein dafür, dass letztlich alles Energie ist – Schwingung, Klang, Frequenz. Und um ein erfülltes Leben in Gesundheit,
Schaffenskraft und Freude zu führen, ist es notwendig, die Energien zu
beeinflussen. Unbewusst tun wir das sowieso den ganzen Tag über. Es
aber bewusst zu tun und zu steuern, das kann den Unterschied zwischen einem mittelmäßigen und einem erfüllten Leben ausmachen.
Wenn wir an die schamanischen Traditionen denken, dann fällt uns
sehr oft ein, dass dort mit für uns heute teilweise erstaunlichen Methoden geheilt wurde.

Es geht aber eben nicht nur darum, bereits erfolgte Schäden wieder ins
Lot zu bringen, sondern möglichst gleich so zu leben, dass gar nicht
erst so viel Krankheit und Leid entstehen müssen. Auch deshalb kann
für uns gestresste und leistungsorientierte Menschen der Übergang in
den Feierabend ein ganz entscheidender Moment sein, um die Energien
des eigenen Lebens in eine solche gesunde Richtung zu lenken.

DIE WIRKUNG VON WASSER

Wenn es ums Reinigen geht, denken wir natürlich ganz schnell an
Wasser. Mit ihm waschen und putzen, spülen und klären wir. Dass dies
auch in einem übertragenen Sinne möglich ist, möchte ich dir mit zwei
weiteren Miniritualen bewusst machen. Im ersten Ritual geht es darum,
einen ganz normalen Duschvorgang durch eine neue innere Ausrichtung und eine erhöhte Bewusstheit zu einem Reinigungsritual werden
zu lassen – die innere Absicht ist auch hier der entscheidende Faktor.
Im zweiten Ritual kannst du dir wieder die Kraft deiner Vorstellung
zunutze machen. Sich eine Dusche – vielleicht in leuchtenden Regenbogenfarben – oder einen frischen, wilden Wasserfall vor dem inneren
Auge vorzustellen, hat bereits eine Wirkung.

MINIRITUAL
Verbrauchtes abduschen

Wenn du nach einem besonders fordernden Tag nach Hause kommst, wirst du vielleicht das Bedürfnis haben, gleich unter die Dusche zu springen. Ein Ritual wird daraus, wenn du dabei ganz bewusst all die Energien des Arbeitstages, eventuelle Anspannung oder Sorgen von dir abspülst. Nimm wahr, wie das Wasser über deine Haut fließt und alles fortspült, was du nicht mehr brauchst.

MINIRITUAL
Wie ein Bad im Bach

Nimm dir etwas Zeit, um in eine innerliche Vorstellung abzutauchen. Vielleicht machst du das, während deine S-Bahn das Gewühle der Großstadt verlässt. Vielleicht bleibst du vor dem Aussteigen noch ein paar Minuten im Auto sitzen. Oder du machst es dir beim Nachhausekommen kurz auf dem Sofa bequem.

Schließ die Augen und stell dir in einem lichten Wald einen gluckernden Bach vor. Im Wasser entdeckst du viele Büschel von feinen grünen Gräsern. Wie ein Kamm gleitet das Wasser durch die Halme und schwemmt alles Verbrauchte mit sich fort. Stell dir vor, du bist ein solches Grasbüschel und der Bach reinigt dich von allem, was an Belastendem auf dir liegt. Bleib für ein paar Momente in dieser Vorstellung, bevor du erfrischt den Feierabend beginnst.

SPÄTER ABEND:
ZUR RUHE KOMMEN

Ob du deinem Empfinden nach eher aufregende oder langweilige
Abende verbringst, ob du sie mit Aktivitäten füllst oder gemütlich-
passiv vorüberziehen lässt – vielleicht magst du ein paar Rituale ans
Ende deines Tages stellen. Am späten Abend können sie dazu dienen,
dich wieder ganz zu dir selbst zu führen, dich deinen Tag abschließen
zu lassen und dir den Weg in eine erholsame Nachtruhe zu ebnen.

NACH INNEN STATT NACH AUSSEN

Wir sind es gewohnt, von morgens bis spät in die Nacht auf Bild-
schirme zu schauen, ob es das Smartphone ist, das Tablet, der Bild-
schirm am Arbeitsplatz oder der Fernseher zu Hause. Wie immer
macht auch in diesem Fall die Dosis das Gift.
Solltest du in deinem Leben die Sehnsucht verspüren, wieder mehr
nach innen statt nach außen zu schauen, könnte sich der Abend besonders gut dafür eignen. Auch wenn es heute zu Recht heißt, dass gerade
unsere Städte niemals zur Ruhe kommen – du selbst kannst in deinen
vier Wänden dafür sorgen, dass Ruhe einkehrt. Das ist für viele von uns
leichter gesagt als getan, aber es lohnt sich, die äußeren Eindrücke am
Tagesende allmählich loszulassen und sich nach innen zu wenden. Das
Innere ist schließlich der Bereich, aus dem heraus du dein äußeres
Leben gestaltest: So wie du denkst, wie du empfindest, wie du die Welt
wahrnimmst, so triffst du auch all deine Entscheidungen, die deine
Wirklichkeit mitbestimmen. Jetzt, am Ende des Tages, ein wenig nach-
zuspüren und etwas aufzuräumen, kann das Leben verwandeln.
Oftmals sind wir vom Tag noch sehr aufgedreht, die Gedanken kreisen
rasend schnell, und wir sind darauf trainiert, auf jeden Gedankenzug in

unserem Kopf aufzuspringen und uns davon forttragen zu lassen – ein Nach-innen-Schauen ist dann fast unmöglich. Oder es ist uns viel zu anstrengend, weil wir uns dabei unserer ganzen inneren Hektik, unserer Anspannung und unserer Distanz zu uns selbst bewusst würden. So oder so – wir tun gut daran, uns darum zu kümmern, dass sich all das, was im Laufe des Tages aufgewirbelt wurde, wieder setzen kann. Wie in einem aufgewühlten Teich, in dem das Wasser nach einer Zeit wieder klar wird, wenn der Schlamm sich erneut am Boden absetzt. Genau das geht nur, wenn wir den Teich in Ruhe lassen.

MINIRITUAL

Gemütlich »untergehen«

Mach es dir für eine innere Reise bequem. Schließ die Augen und stell dir einen See im abendlichen Licht vor. Während du ihn näher betrachtest, siehst du ein großes Holzscheit, das mitten im Wasser schwimmt. Du schaust es näher an und bemerkst, dass es bereits sehr lange in diesem Wasser liegen muss. Es ist schon ganz aufgequollen, und Algen haben sich in den Rillen seiner Rinde festgesetzt. Ganz vollgesogen ist es – und deshalb ist es so schwer geworden, dass es nun ganz langsam zu sinken beginnt. Du schaust zu, wie das Holzscheit tiefer und tiefer im Wasser verschwindet. Wie in Zeitlupe, Meter um Meter, taucht es tiefer in die immer dunkler werdenden Schichten des Wassers ein. Bald kommt es auf dem Boden des Sees zu liegen. Du spürst, wie auch alles, was sich im Laufe des Tages in dir angesammelt hat, nach unten sinkt und du immer mehr entspannen kannst. Und vielleicht taucht aus der Tiefe ein neuer Impuls auf – eine Idee, ein Bild oder eine schöne Erinnerung.

EINFACH MAL »ABSCHALTEN«

Hinter diesem Begriff verbirgt sich seit einigen Jahren eine echte Challenge. Immer mehr Menschen – ob jung oder alt – bemerken, dass sie sich auf eine Weise von elektronischen Geräten, sozialen Netzwerken und all den Nachrichten, Posts und Likes abhängig gemacht haben, die ihnen nicht mehr guttut. Also versuchen sie, davon wieder loszukommen und sich zumindest zeitweise offline durchs Leben zu bewegen. In Digital-Detox-Camps geht das sogar unter fachlicher Anleitung. Andere probieren es in ihrem Alltag mit ausgewählten Zeiten, in denen sie »abschalten«. Der Abend eignet sich dafür ideal.

MINIRITUAL

Digital Detox

- Überlege dir zuerst, zu welchen Zeiten du deine Geräte abschalten willst und das realistischerweise auch kannst.

- Mach dir ein Ritual daraus, die Offline-Zeit zu starten: Vielleicht schaltest du dein Smartphone aus, legst es in eine Schublade, drehst dich demonstrativ davon weg und schaust bewusst in die reale Welt um dich herum.

- Nimm dir vor allem am Anfang des Experiments etwas vor, was dich von deinem »Fasten« ablenkt. Triff dich mit Freunden, geh mit deinem Partner spazieren oder hol die Malsachen oder dein Tagebuch wieder hervor.

- Gönn dir aber auch jedes Mal ein paar Minuten, in denen du in dich hineinspürst: Was passiert, wenn ich offline bin? Fehlt mir etwas – und wenn ja, was? Welche Bedürfnisse sind real? Welche möchte ich erfüllen?

GUTE GRÜNDE FÜR DANKBARKEIT

Ein besonders schöner Tagesabschluss ist es, Dankbarkeit in sich wachzurufen. Diese Empfindung gehört zum Heilsamsten und Schönsten, was wir erleben können. Du kannst dir jeden Abend vor dem Schlafengehen mindestens drei Dinge aufschreiben, für die du dankbar bist. Eine meiner liebsten Anregungen für Klienten und Kursteilnehmer ist es, sich sogar 21 Gründe für Dankbarkeit zu überlegen. Denn tatsächlich ist unser Leben übervoll von Dingen, für die wir dankbar sein können – selbst in Krisenmomenten. Sich das bewusst zu machen, lässt sofort auch ein Gefühl von Zuversicht und leiser Freude entstehen. Auf welche Weise auch immer du deine Dankbarkeit hervorlockst – erlaube dir, sie ganz bewusst zu spüren. Erlebe sie in deinem Körper und lass zu, dass sie sich in allen Zellen ausbreitet.

MINIRITUAL

Dein Dank an dich und andere

- Stell dich vor den Spiegel, blick dir in die Augen und sag dir, wofür du dir dankbar bist. Falls dir nicht sofort etwas einfällt, lass Selbstmitgefühl in dir entstehen. Erlebe, wie es ist, den Menschen anzuschauen, der immer bei dir ist, dein ganzes Leben lang. Er mag seine guten und seine schwächeren Seiten haben. Doch du weißt am allerbesten, wie sehr er sich bemüht, sich ein gutes Leben zu erschaffen. Kannst du ihn dafür würdigen, ihm danken?

- Oder du machst dir am Abend vor dem Schlafengehen bewusst, wofür du anderen heute dankbar bist. Vielleicht möchtest du es ihnen direkt sagen?

SCHLECHTE TAGE:
SICH DER SONNE ZUWENDEN

Rituale sind auch für all die Zeiten eine Unterstützung, in denen es uns nicht gut geht. Das können große Krisen sein – Rituale dazu findest du ein paar Seiten später. Es können aber auch diese ganz gewöhnlichen Tage sein, an denen wir einfach schlechter Stimmung sind, antriebslos, irgendwie nicht ganz bei uns. Alle bisherigen Rituale können dir über solche Momente hinweghelfen, vor allem wenn du dir eine Gewohnheit daraus gemacht hast. Oder du probierst eines der folgenden.

MINIRITUAL
Die Kraft eines Baumes

Wenn du dich nicht gut fühlst, geh hinaus vor die Tür – in einen Park oder zu einer Allee, irgendwohin, wo es Bäume gibt. Atme tief durch, wenn du dort draußen bist, und such dir ganz intuitiv einen Baum aus. Vielleicht hast du ohnehin schon deinen Lieblingsbaum in deiner Wohn- oder Arbeitsumgebung.

Nimm innerlich mit diesem Baum Kontakt auf und lehn dich wenn möglich mit dem Rücken an seine Rinde. Schließ die Augen. Spüre, dass du dein Gewicht ganz an ihn abgeben kannst und damit auch alles Schwere, was dich belastet. Nimm wahr, wie sich alles Belastende nach unten zu seinen Wurzeln bewegt und du immer leichter wirst. Spüre, wie sich neue Kraft und Frische von unten nach oben in dir ausbreitet. Bedanke dich am Ende bei deinem Baum.

MINIRITUAL
Das Trübe wegspülen

Wenn du merkst, dass heute »nicht dein Tag« ist, probier ganz einfach dieses kleine Ritual: Stell dir einen Liter Trinkwasser hin und mach dir bewusst, dass du damit jetzt alles Trübe aus dir herausspülen wirst. Beginne dann, das Wasser zu trinken – und leere den Liter tatsächlich innerhalb der nächsten Stunde. Vergegenwärtige dir mit jedem Schluck, wie sich dein Inneres wieder aufhellt.

Wenn es dir möglich ist, kannst du nach diesem Reinigungsritual auch noch deine Kleidung wechseln und dir etwas Frisches anziehen, was deiner neuen inneren Frische entspricht und sie dir auch äußerlich bewusst macht.

MINIRITUAL
Mach dir die Welt golden

Leg dir für trübere Tage deine persönlichen »Goldstücke« zurecht. Das können Steine oder Muscheln sein, die du golden bemalst. Es kann ein Foto oder der Nachdruck eines Gemäldes sein, das in goldenen Farben schimmert. Oder du nimmst Tücher in leuchtendem Gelb und andere Dinge, die für dich Helligkeit, positive Kraft und Freude symbolisieren. Verteile sie in der Wohnung oder am Arbeitsplatz – und erfreue dich an deiner »goldenen Welt«. Auch in dir lebt dieses Gold, selbst wenn es zeitweise unter einem Schleier verborgen sein mag.

MINIRITUAL

Von Grau nach Bunt

Statt weiter in einer schlechten Stimmung zu verharren, nimm dir einen Moment, setz dich hin und schließ die Augen. Stell dir zwei Welten vor: Die eine ist grau und trist und während deine Augen sie erkunden, merkst du eine Art Vorhang, der in allen Regenbogenfarben schimmert. In deiner Vorstellung gehst du zu diesem Vorhang und befühlst ihn ganz vorsichtig mit deinen Händen. Du spürst die sanfte Energie der einzelnen Farben. Und dann beginnst du ganz sacht deine Hände durch den Vorhang hindurchzuschieben. Tatsächlich ist er einerseits dicht und andererseits kannst du hindurchschlüpfen wie durch einen Nebel. Und so fasst du Mut und bewegst dich nach und nach mit deinem ganzen Körper durch diesen Vorhang. Auf der anderen Seite ist die Welt hell und farbenfroh, die Sonne scheint, alles leuchtet und sprüht vor Freude. Bevor du nun gleich wieder die Augen öffnest, kannst du entscheiden, ob du für den Rest des Tages in dieser bunten Welt bleiben möchtest.

Manchmal ist es leicht, eine unangenehme Stimmung zu vertreiben. An anderen Tagen fällt es uns deutlich schwerer und wir bleiben in einer gewissen Schwere. Was aber tun, wenn wir in einer Angst feststecken und die Sorgen uns im Griff haben?

Es ist immer hilfreich, dann den Körper mit einzubeziehen. Wenn er wieder weicher wird, geht es uns meist schon deutlich besser. Also: Lockere dich. Leg eine Musik auf und tanze durch die Wohnung. Oder mach den Knochentanz, der alles Verkrampfte und Starre von dir abschüttelt. Als geführte und mit der Trommel begleitete Übung findest du diesen Knochentanz auch auf CD (siehe Seite 156).

MINIRITUAL
Knochentanz

Sorge für einen ungestörten Raum und stell dich entspannt hin. Du nimmst deinen Körper wahr, von den Füßen bis hinauf zum Kopf, und imaginierst dann eine schöne Landschaft. Du spürst die Sonne auf deinem Körper, während ein leichter Windhauch aufkommt und dich an deiner Haut berührt, an ihr reibt. Es ist ein warmes, angenehmes Reiben, das nun langsam alles Alte und Überholte den Elementen, dem großen Ganzen zurückgibt. Stück für Stück löst sich die Haut auf, und dann zerfallen auch die Muskeln, die Sehnen und Bänder. Alles wird ganz langsam und angenehm zu Sand zerrieben und zerrinnt. Alles löst sich auf, bis nur noch deine Knochen übrig bleiben.

Jetzt spürst du diese Knochen und merkst, wie diese langsam zu tanzen anfangen. Idealerweise von einer Trommel begleitet, bewegen sich deine Knochen, das Skelett, das dich trägt und aufrichtet. Du lässt die Bewegungen einfach geschehen und tanzt dich frei. Ganz in deinem Rhythmus.

Nach einer Zeit beendest du den Tanz. Du atmest mehrere Male tief und bewusst ein und wieder aus. Noch in der Bewegung spürst du wieder die Wärme der Sonne, die dich nährt. Dein Körper füllt sich wieder ganz auf, er setzt sich wie von selbst wieder in seiner Ganzheit zusammen. Du siehst neu die Landschaft um dich herum. Du spürst die Kraft der Sonne, des Wassers und der Erde. Alles ist da, um dich in deiner neuen Ganzheit zu begrüßen, und du nimmst deinen gereinigten Körper in seiner Lebendigkeit und Frische wahr. Du spürst wieder deine Füße auf der Erde, die dich trägt und der du dich immer und bedingungslos anvertrauen kannst.

Was uns immer hilft und stärkt, das ist die Natur. Sie ist unser Zuhause, sie ist unsere Herkunft. Sie hat all die Kraft, die uns unterstützen kann und die letztlich auch in uns selbst wohnt, auch wenn wir das in unserer modernen Welt häufig vergessen. Ich hatte dich schon dazu angeregt, dich an einen Baum anzulehnen, wenn du einen schlechten Tag hast und neue Kraft brauchst. Hier möchte ich dir noch drei weitere Minirituale anbieten, die sich auf die Kräfte der Natur beziehen und die du immer dann ausführen kannst, wenn du dich auf sie besinnen und es dir damit leichter machen möchtest.

MINIRITUAL
Dein Körper, die Erde

Nimm dir etwas Zeit, in der du ungestört bist und dich ganz einer inneren Reise hingeben kannst. Wenn du sie ein paar Mal erlebt hast, wirst du dich auch mitten im Alltag ganz schnell an ihre Kraft erinnern können. Schließ die Augen und spüre dich in deinen Körper hinein. Erlebe ihn in seiner Kraft, in der Bewegung seines Atems, in seiner Hingabe an den Boden und in seiner stabilen Aufrichtung zum Himmel.

Besinne dich auf deine Knochen, Muskeln und Sehnen – sie sind die Gebirge der Erde, sie richten dich auf. Besinne dich auf dein Herz, das dein Blut ins Fließen bringt und den Gewässern der Erde gleicht. Geh mit deinem Bewusstsein zu deinem Herzen, das unentwegt für dich schlägt, ganz gleich, wie es dir geht. Es tut sein Werk, weil es an dich glaubt, weil es an dein Leben glaubt.

Lass in dein Bewusstsein, dass du alles in dir hast, was zum Leben gehört – alles Irdische, die Natur selbst. All das trägt dich.

MINIRITUAL

Alles vergeht

Such dir auf einem Weg oder an einem Flussufer ein paar Kieselsteine oder nimm etwas Sand oder auch das Granulat aus einem Blumentopf. Halte es in der Hand. Betrachte den Sand oder die Steinchen, als wären sie all das, was dich momentan beschwert. Lass sie dann ganz langsam durch deine Finger rieseln, bis deine Hand leer ist. Mach dir dabei bewusst, dass deine Gemütszustände kommen und gehen – du selbst aber bleibst.

MINIRITUAL

Vier Kräfte und ein Zentrum

Setz dich auf eine Parkbank oder – wenn dir das gerade nicht möglich ist – einfach auf einen Stuhl oder Sessel. Breite die Arme aus und stell auch die Füße weit auseinander. Stell dir vor, dass deine Füße und Hände jeweils zu einer Himmelsrichtung gehören und sich den vier grundlegenden Elementen zuordnen lassen: Feuer, Wasser, Luft und Erde. Spüre deren große Urkraft.

Bring Hände und Füße nun zusammen: Leg die Hände in den Schoß und stell die Füße zusammen oder zieh sie sogar im Schneidersitz zu den Händen rauf. Mach dir bewusst, wie sich alle Kraft in deinem Zentrum vereint. Spüre deine innere Stärke, die immer auch mit der Stärke des großen Ganzen verbunden ist.

KRISEN
UND ÜBERGÄNGE

Zum Leben von uns allen gehören immer auch Herausforderungen, Schwierigkeiten und Krisen. Problematische Lebensphasen markieren dabei sehr häufig einen Übergang: Was wir bisher erlebt haben, funktioniert nicht mehr, aber etwas Neues ist auch noch nicht in Sicht. In diesem Zwischenraum stecken wir zeitweise fest, wenn wir den Job verlieren, eine Beziehung zerbricht, ein uns nahestehender Mensch krank wird oder stirbt oder uns selbst eine Krankheit ereilt. Solche Zeiten sind nicht leicht – doch Rituale können uns hindurchbegleiten.

DAS GEWESENE VERABSCHIEDEN

Beginnen wir mit Abschiedsritualen, in denen es um Loslassen und Zurücklassen geht. Und, das wird oft vergessen, um das Würdigen dessen, was war. Loslassen heißt für viele: loswerden. Aber nur, was durchlebt, gefühlt, gewürdigt und im Herzen verabschiedet wurde, lässt uns weiterziehen und frei sein. Wenn wir uns von einer Lebensphase, einer Partnerschaft oder einem Beruf verabschieden, dann lösen wir uns von den positiv erlebten ebenso wie von den unangenehmen Seiten. Wir lassen all das hinter uns.

Abschiedsrituale werden einmal oder mehrere Male durchgeführt, bis das Loslassen erfolgt ist oder anders gesagt: bis sich das Leben auf die eine oder andere Wese weiterbewegt und sich das Thema gewandelt hat. Das folgende Ritual eignet sich, wenn du etwas Überholtes abschließen und zurücklassen willst, um dann verändert und geklärt weitergehen zu können. Dabei kann es zum Beispiel um eine beendete, aber noch nicht ganz verdaute Beziehung gehen, um einen Streit, der endlich beigelegt werden soll, oder um ein abgeschlossenes Projekt.

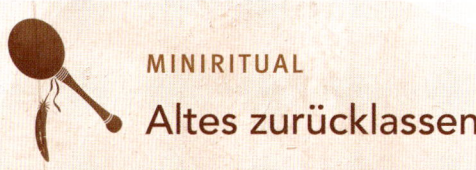

Altes zurücklassen

Schreib einen Brief an das Leben selbst, an eine höhere Macht oder an einen geistigen Helfer, in dem du das benennst, was du hinter dir lassen willst.

Such dir dann einen Stein, der für dich zu dem passt, was du entlassen möchtest. Erspüre oder erfrage, ob er bereit ist, dir zu helfen. Wenn ja, leg ihn auf den Brief und übertrage die alte Qualität, von der du dich verabschieden willst, mit deinen Händen auf diesen Stein. Lass aus deinem Herzen alles, was zu diesem Alten gehört, in den Stein hineinfließen.

Wähle dann draußen einen Platz für dein Ritual. Bevor du dorthin gehst, kannst du dein Energiefeld und deinen Raum räuchern (siehe Seite 50) und damit reinigen. Begib dich anschließend mit dem vorbereiteten Stein zu deinem Platz und sprich laut oder für dich im Stillen deine Absicht aus: »Ich möchte ... hinter mir lassen und bitte die geistige Welt um Unterstützung.«

Geh möglichst in die Knie und leg den Stein auf die Erde, im Bewusstsein, dass du das, was er nun für dich trägt, der geistigen Welt übergibst. Ruf dir noch einmal detailliert in den Sinn, was du jetzt zurücklässt – das Schlechte ebenso wie das Gute. Beides wird mit diesem Ritual zurückgelassen und gehört dann nicht mehr zu dir. Würdige das, was gewesen ist. Verweile mit dem Herzen also auch in einer tief verbundenen Stimmung bei dem Guten, das war.

Bitte um den Segen der geistigen Welt, bedanke dich bei deinem Stein – und lass ihn liegen, wenn du wieder aufstehst.

Dreh dich ganz bewusst um und geh zurück, weg von diesem Platz und hinein in ein von diesem Thema freies Leben. Deine Wohnräume erstrahlen bereits in einer neuen Energie, weil du sie zuvor geräuchert hattest. Den Brief kannst du am Ende des Rituals verbrennen.

Das Ritual eignet sich auch für einen Charakterzug oder eine Eigenheit, die du ablegen möchtest, weil sie nicht mehr zu dir passt: das ständige Ja-Sagen zum Beispiel. Es geht dabei nicht darum, unfreundlich und hart zu werden, um nur ja nicht zu nachgiebig zu sein. Es geht um Klarheit und darum, zu den eigenen Bedürfnissen zu stehen. Eine Bekannte erzählte mir dazu ein gutes Beispiel (siehe Kasten unten).

SELBST ERLEBT

Win-Win

Daniela musste als externe Mitarbeiterin eines Unternehmens zu einem Meeting, das jeden Mittwoch stattfand und in dem es zurzeit kaum um Belange ging, die sie betrafen. Es grenzte an Zeitverschwendung. Doch sie hatte das Ritual mit dem Stein gemacht – und in ihrem Brief stand, dass sie endlich aufhören wolle, ihre eigenen Bedürfnisse zu vernachlässigen. Am heutigen Mittwoch nun wollte sie Bescheid geben, dass sie in der nächsten Woche wegen anderer Termine nicht könne. Ihr Partner neckte sie am Morgen: »Wahrscheinlich hörst du dich dann doch wieder sagen: Ach, kein Problem, ich kann nächste Woche auch kommen.« Dieser Satz von ihm machte sie wach – und sie fand eine sinnvolle Lösung. Nachmittags in der Sitzung erklärte sie: »Wegen anderer Verpflichtungen fällt es mir nächste Woche nicht leicht, an unserem Meeting teilzunehmen. Daher mein Vorschlag: Ich kann meine Zuarbeit schriftlich machen und euch schicken. Und ihr gebt mir dann bis Dienstag Bescheid, ob es wirklich nötig ist, dass ich reinkomme. Wäre das so okay für euch?« Die anderen reagierten zunächst so, dass ihr klar war, sie würde nicht um den nächsten Mittwoch herumkommen. Am Freitag aber kam eine Mail, dass es kein Problem sei, wenn sie nächste Woche fernbliebe.

Die Tränen weiterfließen lassen

Wähle eine Schale und fülle sie mit Wasser. Gestalte sie liebevoll mit Schwimm-
kerzen oder einem Kristall, den du auf den Grund legst. Bitte die geistige Welt
oder dein Krafttier, diese Schale zu segnen und dich zu unterstützen.

Nimm dir nun täglich einen Moment Zeit. Setz dich vor deine Schale, die all die
Tränen symbolisiert, die du in dieser Lebensphase weinst oder die ungeweint in
dir stecken geblieben sind.

Schöpfe einen oder mehrere Löffel Wasser aus der Schale und lass sie im
Abfluss wegfließen. Du kannst sie auch in einen Blumentopf geben und die
Erde bitten, die Trauer zu transformieren. Achte auf deine Gefühle, spüre sie bei
diesem Ritual, weine oder nimm wahr, dass du es nicht kannst oder willst.

Wenn die Schale nach ein paar Tagen leer ist, entscheide, ob du sie noch
einmal nachfüllen möchtest oder ob du das Ritual vollständig beenden kannst,
weil die Trauer gegangen ist.

Mit den beiden Ritualen auf dieser und der folgenden Seite kannst du
belastende Emotionen transformieren, um das Leben nicht mehr von
ihnen bestimmen zu lassen. Wenn du dich in einer Zeit der nicht enden
wollenden Traurigkeit befindest, beispielsweise wegen einer Scheidung
oder einer anderen Art von Abschied, kann dich das Ritual oben auf
dieser Seite bei der Verarbeitung deiner Trauer unterstützen.
Das folgende Ritual ist sehr schön für Loslassprozesse, die länger dauern. Es kann etwa dabei helfen, eine Affäre zu beenden, die nicht mehr
guttut. Oder dabei, die Kündigung auszusprechen, wenn man weiß,
dass sie richtig ist, sich aber noch nicht recht traut. Dann kann es

guttun, wenn der bereits geschehenen inneren Kündigung auch bald die äußere folgt. Die tägliche Auseinandersetzung mit dem Thema bereitet zudem den Boden für das Neue, für das, was reifen möchte. Erlaube dir, die Rituale einfach so durchzuführen, wie sie beschrieben sind. Vielleicht findest du sie zu simpel – doch die Erfahrung zeigt, dass solche einfachen symbolträchtigen Handlungen eine große Wirkkraft entfalten, wenn wir sie mit einem achtsamen Geist ausführen.

MINIRITUAL
Das immer kürzer werdende Band

Mach dir bewusst, was du in deinem Leben beenden möchtest. Such dir ein Band, beispielsweise ein breites Geschenkband, und zwar in einer Farbe, mit der du das verbindest, was du abschließen möchtest. Du kannst das Band auch schmücken oder für alles Knoten hineinmachen, was du etwa in diesem Job oder in dieser Beziehung erlebt hast. Das Band kann einen Meter, aber auch drei oder vier Meter lang sein. Je schwerer dir das Loslassen fällt, umso länger solltest du es wählen. Binde dieses Band nun mit einem Ende irgendwo fest.

Nimm dir nun jeden Tag einen Moment Zeit. Denk an das, was du beenden möchtest, und schneide stellvertretend dafür ein Stück von dem Band ab. So viel, wie du heute glaubst, loslassen zu können. An manchen Tagen wird das ein halber Meter sein, weil du wütend bist und das Ganze endlich hinter dir haben willst. An anderen Tagen wirst du dich eher an dem Alten festklammern wollen und nur ein paar Millimeterchen wegschneiden können. Spüre, was du dabei empfindest, sei mit dem, was in dir auftaucht. Und vertraue darauf, dass du eines Tages vollständig losgelassen haben wirst.

SPIRALEN: SYMBOLE DER WANDLUNG

Spiralen sind wirkmächtige Symbole, die in vielen Kulten alter Kulturen, beispielsweise auf Malta oder bei den Kelten, verwendet wurden. Sie zeichnen zum Beispiel den Weg von außen nach innen nach und eignen sich sehr gut für Rituale, die eine Qualität wandeln und uns Kraft schenken sollen.

MINIRITUAL
Spiralwege

Schaff dir etwas Raum und leg am Boden eine Spirale aus. Zum Markieren kannst du ein dickes Seil nehmen, aber auch Kieselsteine, Halbedelsteine oder andere kleine Gegenstände. Die Spirale sollte mindestens drei Windungen um den Mittelpunkt haben und so breit sein, dass du hindurchgehen kannst.

Geh nun ganz langsam, Schritt für Schritt den Weg nach innen. Lass mit jedem Aufsetzen deines Fußes etwas hinter dir, was dich anspannt, stört oder ärgert. Komm mit jeder Umrundung tiefer zur Ruhe und in dein Zentrum.

Wenn du in der Mitte angelangt bist, halte inne. Lausche auf die Stille hinter allen eventuellen Geräuschen und erlebe diese Stille auch in dir selbst. Spüre in einer aufrechten Körperhaltung, wie sich Himmel und Erde in dir vereinen.

Wenn du nach einer Weile wieder hinausgehst, tanke neue Kraft. Nimm wahr, wie dich die Erde unter deinen Füßen trägt und wie dir der Himmel über deinem Kopf Raum zum Wachsen gibt. Wenn du die Spirale verlassen hast, kannst du noch einen Moment nachspüren, wie du dich jetzt fühlst. Bedanke dich bei Himmel und Erde für die neue Kraft, die du möglicherweise in dir wahrnimmst.

Eine Variante dieses Minirituals könnte so aussehen: Bevor du in die Spirale hineingehst, legst du dir ein Set Orakelkarten ins Zentrum. Sprich dann ein Anliegen für dieses Ritual aus und geh wieder Schritt für Schritt in die Spirale hinein. Bist du in der Mitte angekommen und hast dich zentriert, zieh eine Karte und lass das Bild auf dich wirken. Geh dann wieder den Spiralweg nach außen und bewege die Botschaft in dir. Am Ende trittst du bewusst hinaus in den Alltag.

RITUALE DES ÜBERGANGS

Sie sind die Klassiker: Übergangsrituale, die uns von einer in die nächste Lebensphase begleiten. Sie bieten uns ihre Unterstützung an, wenn es darum geht, Übergänge zu meistern. Die folgenden Beispiele helfen dir bei einer Trennung, nach einem Streit, der weiter schwelt, oder auch bei einem Projekt, das endlich geboren werden will. Traditionell waren solche Schwellenrituale sehr wichtig – immer fanden sie in drei Phasen statt: Zunächst erfolgt die Ablösung vom Alten. Dann kommt die Phase der Schwelle, in der weder das Alte noch das Neue Gültigkeit hat. Es ist ein Niemandsland, in dem alles offen ist – bis dann in der dritten Phase die Schwelle überschritten werden kann und der neue Lebensabschnitt erreicht ist. Das folgende Ritual lässt dich diese drei Phasen ganz sinnbildlich durchleben.

Drei Stufen hat jede Krise:
brüchiges Altes, Chaos, Neuanfang.
Übergangsrituale bilden diese drei Stufen nach.

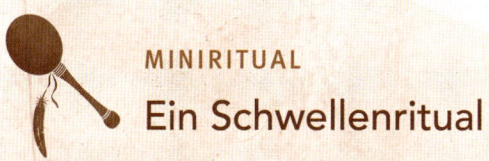

Ein Schwellenritual

Bei diesem Ritual geht es darum, von der Schwelle aus bewusst zurückzu-schauen, das Vergangene zu würdigen, dich davon zu verabschieden – und dann ins Neue einzutreten. Mach dir zunächst bewusst, zu welchem Thema es für dich jetzt eine Schwelle zu überschreiten gibt. Such dir dann in der Wohnung oder im Park eine »Schwelle«: eine Türschwelle, ein Seil auf dem Boden, die Teppichkante, ein Tor. Auf der einen Seite ist das Alte, auf der anderen das Neue.

Tritt auf die Schwelle, dreh dich um und blick zurück zum Alten – auf die Bezie-hung, die Situation, das Projekt, den Job. Tu so, als würdest du es zum ersten Mal sehen. Wir wirkt es auf dich? Was nimmst du wahr?

Schau darauf, als hätte das Ganze nichts mit dir zu tun. Versuche, aus dieser neutralen Perspektive eine neue Deutung für das Geschehen zu finden. Wie würde eine fremde Person das Thema einschätzen?

Finde nun ein paar wertschätzende Worte für den oder die anderen Beteiligten, für das Projekt oder die Stimmung, von der du dich verabschieden möchtest. Konntest du diese Worte ehrlich äußern? Dann dreh dich um 90 Grad auf deiner Schwelle um. Jetzt bist du genau zwischen dem Alten und dem Neuen angekom-men. Das Alte ist vorbei, das Neue noch nicht da. Atme tief durch.

Stell dir vor, der oder die Beteiligten stehen jetzt vor dir. Wie würdet ihr euch unterhalten? Was müsst ihr noch klären, ehe du das Alte ganz loslassen kannst?

Entscheide, ob du dich noch einmal zurückdrehen oder dich weitere 90 Grad zum Neuen hindrehen willst. Wenn du dann mit dem Blick zum Neuen stehst: Wie soll es weitergehen? Welche Erfahrung aus dem Alten willst du mitnehmen?

Setz nun bewusst den ersten Schritt von der Schwelle weg in das noch unbe-kannte Terrain vor dir. Atme tief durch und spüre, wie sich das Neue anfühlt.

Traditionell arbeitende Schamanen unterziehen sich vor jeder größeren Zeremonie einem Reinigungsritual. In Nordamerika beispielsweise veranstalten sie dazu eine Schwitzhütte. Dabei lassen sie Altes zurück, beten für sich, die Gemeinschaft und die Natur und bereiten sich auf ihr Vorhaben vor. Ähnlich kannst du das im folgenden Übergangsritual erleben. Es bietet sich an, es in einer Wellnessanlage oder einem gut ausgestatteten Fitnesscenter zu machen.

MINIRITUAL
Wellness für eine Neugeburt

Geh in die Sauna, zum Spinning oder aufs Laufband und schwitze das Alte heraus: deine Zweifel und Ängste, die Isoliertheit, den alten Job oder die Art, wie du bislang dein Beziehungsleben geführt hast. Leg danach eine Pause ein.

Nun setzt du dich ins Dampfbad, schließt die Augen und stellst dir vor, du säßest in einer Gebärmutter, die dich umschließt, wärmt und nährt. Frage dich: Was möchte in mir neu geboren werden? Brüte über dieser Frage und genieße dabei die feuchte Wärme des Dampfbades. Horche tief in dich hinein, was für eine Qualität da heranwächst.

Wenn du so weit bist, gehst du mit dem Neuen hinaus. Du gebärst dich selbst und deine neue Qualität, indem du das Dampfbad verlässt. Dusch dich ab und sei mit dem Neuen. Während du dich noch etwas ausruhst, erspüre: Welche Kraft ist jetzt in mir? Wie fühlt sich das an? Was möchte ich damit anstellen?

Mach dir bewusst, dass die anderen Menschen dich jetzt schon in deiner neuen Kraft sehen. Wie fühlt sich das an? Noch etwas ungewohnt? Trau dich, ganz allmählich wirklich die (oder der) zu sein, die du jetzt bist.

MINIRITUAL

Reise ins Neue

Such dir eine Gegend in der Stadt, die für dich das Alte repräsentiert, das, was du nun hinter dir lassen willst. Spaziere ein bisschen durch diese Gegend und schau dich neugierig um. Was entdeckst du hier – und was hat das mit deiner zu Ende gehenden Lebensphase zu tun? Assoziiere, um dir das Alte noch einmal stark zu vergegenwärtigen.

Geh dann zu irgendeiner Bus- oder Straßenbahn-Haltestelle. Während du wartest, nimmst du bewusst vom Alten Abschied. Würdige es, danke dieser Phase deines Lebens und sei dir der Qualitäten bewusst, die du daraus mitnimmst.

Fahr dann einfach mit dem nächsten Bus oder der nächsten Straßenbahn mit und bleib während dieser Reise sehr wach. Schau aus dem Fenster. Straßenzüge ziehen vorüber, Häuser, Cafés, Geschäfte, Menschen, Autos. Alles wandelt und verändert sich – genauso, wie sich dein Leben jetzt gerade verändert und etwas Neues entstehen lässt, auch wenn du es noch nicht erkennen kannst.

Wenn du möchtest, kannst du auch umsteigen oder kreuz und quer mit unterschiedlichen Verkehrsmitteln hin- und herfahren. Lass dich treiben. Tu, was sich auf dieser Veränderungsreise stimmig anfühlt.

Irgendwann wirst du wahrscheinlich spüren, dass es jetzt passiert ist: Der Wandel hat sich in dir vollzogen. Du hast so viel Wandel erlebt und gesehen – jetzt bist du angekommen, jetzt ist das Neue da.

Steig mit diesem Gefühl aus und spaziere durch die Gegend, in der du gelandet bist. Schau dich neugierig staunend um: Das ist dein neues Leben. Wie wirkt es auf dich? Toll? Gewöhnungsbedürftig? Oder irgendwie gut, aber nicht so wie vorgestellt? Was entdeckst du an Neuem? Sammle die Eindrücke und überlege, wie du sie in dein Leben integrieren könntest.

Rituale für ernsthafte Krisen dauern oft etwas länger oder werden über einen gewissen Zeitraum regelmäßig wiederholt, damit sich unser Inneres mit der Situation arrangieren kann und wir gestärkt aus dieser Phase hervorgehen. Beim folgenden Ritual geht es darum, sich ein ganz besonderes Kleidungsstück anzufertigen, um die aus einer Krise gewonnene Kraft sichtbar zu machen. Sie vermehrt sich nämlich immer dann, wenn du tiefe Täler durchwanderst.

MINIRITUAL
Das Gewand deiner Kraft

Erinnere dich an etwas, was dir großen Schmerz bereitet hat, vielleicht eine Trennung oder eine andere tiefe Verletzung. Mach dir bewusst, was du dadurch gelernt und weiterentwickelt hast. Alles, was aus dem Schwierigen an neuer Stärke entstanden ist, arbeitest du jetzt symbolisch in ein Gewand ein. Nimm dafür als Basis ein Kleidungsstück, zum Beispiel einen Mantel, ein Hemd, einen Umhang oder vielleicht auch einfach einen Schal.

Jede deiner neu entwickelten Kräfte bekommt einen Platz. Jede Wandlung, die du durch deine innere Arbeit vollzogen hast, wird sichtbar. Du gibst dein neues Kraftpotenzial intuitiv in den Stoff hinein: Du kannst ihn dabei mit Mustern verzieren oder Symbole darauf sticken. Du kannst andere Stoffe, Federn, Muscheln oder Spiegel daran anbringen. Oder du nähst Wollfäden an oder beklebst bestimmte Stellen mit Filz. Lass dich von deinem Inneren und der geistigen Welt führen. Bleib bei deiner Handarbeit mit deiner neu gewonnenen inneren Stärke verbunden, du wirst sie später beim Tragen dieses Gewandes spüren. Auch in einer neuen Krise wird es dir Kraft und Zuversicht vermitteln.

RITUALE DES NEUBEGINNS

Es ist eine wundervolle Energie, die jeden Neuanfang beflügelt. Wir fühlen uns frei und kraftvoll, mutig und voller Lebenslust. Vielleicht kennst du diese Momente nach einer Krise auch, in denen man spürt: Es ist vorbei. Jetzt geht es wieder aufwärts. Eine neue Zeit bricht an. Man wird ganz still und dankbar und möchte diesen besonderen Moment regelrecht zelebrieren … Die folgenden Ideen bieten kleine Rituale zur Bestärkung eines Neuanfangs, denn oftmals ist es vor allem wichtig, sich rundum bewusst zu machen, dass tatsächlich etwas Neues beginnt.

MINIRITUAL

Der Schritt ins Neue

Dieses Ritual eignet sich sehr gut für Momente, in denen du weißt: »Jetzt ist meine Krise vorbei. Ich bin im Neuen angekommen.« Es ist aber auch dann passend, wenn du zum letzten Mal vor dem Urlaub, einer Beförderung oder einer anderen Veränderung das Haus verlässt. Bereite dir für deine Rückkehr etwas Schönes vor: Spanne beim Hinausgehen hinter dir ein Band quer durch den Flur oder in den Türrahmen des Eingangs. Leg noch eine Schere dazu und mache dich auf den Weg zur Arbeit oder wohin auch immer du gerade gehen möchtest.

Beim Zurückkommen öffnest du die Tür und findest das Band vor. Halte einen Moment inne, mach dir bewusst, dass jetzt etwas Neues beginnt – ein freudiger Neuanfang, der Urlaub oder eine Phase in einer neuen Position oder bei einem anderen Arbeitgeber. Durchschneide dann feierlich das Band und tritt als neuer Mensch in deine Wohnung.

MINIRITUAL

Ein neuer Zopf

Gib irgendwelche Papiere, die du nicht mehr brauchst und speziell welche, die für dich das Alte repräsentieren – beispielsweise Arbeitsunterlagen von abgeschlossenen Projekten – in den Schredder. Nimm dann ein paar der Papierfäden wieder heraus und leg sie wie Haare nebeneinander. Such dir ein breites Schleifenband in einer Farbe, die das Neue für dich symbolisiert – Blau für neue Freiheit, Rot für eine neue Liebe, Violett für die Spiritualität, die einen neuen Raum einnehmen soll. Flechte dieses Band mit den Papierstreifen zu einem Zopf und häng ihn für einige Tage an eine Stelle in der Wohnung, wo du ihn gut siehst. Der Zopf steht für den Neuanfang, der auf der Basis des Alten möglich wurde. Feiere täglich, dass du an diesen Punkt gekommen bist.

Solche Rituale lassen viel Raum für das Neue, damit es sich so entfalten kann, wie es auch aus der größeren Sicht der geistigen Welt am besten ist. Indem du den Samen des Neuen gießt, die geistige Welt um Unterstützung bittest oder regelrecht eine neue Lebens- und Körperhaltung »anprobierst«, sorgst du dafür, dass sich etwas bewegt – in dir und in den äußeren Dingen. Aber du fixierst dich nicht mit aller Willenskraft auf ein bestimmtes Ziel, das unbedingt so eintreten muss, wie du es dir wünschst. Wenn du Raum dafür lässt, was die geistige Welt im Sinne des größeren Ganzen für dich vorgesehen hat, dann kannst du Überraschungen erleben. Du erhältst vielleicht nicht immer das Gewünschte. Aber du wirst meist feststellen, dass es ganz und gar zu dir und deinem Lebensweg passt. Und nicht selten ist es so wundervoll, dass du es dir gar nicht besser hättest wünschen können.

DIE SCHAMANISCHE ART ZU REISEN

Sie gilt vielen als das zentrale Werkzeug der schamanischen Arbeit. Für all die unterschiedlichen Alltagsrituale aus diesem Buch brauchst du sie allerdings nicht. Wenn du aber tiefer in das schamanische Arbeiten einsteigen möchtest, zum Beispiel um dein Krafttier zu finden oder einen intensiveren Kontakt zu deinen geistigen Helfern herzustellen, gibt es kein besseres Mittel als die schamanische Reise.

Wir bewegen uns dabei mit unserem Bewusstsein aus der alltäglichen Wirklichkeit heraus und in die nicht-alltägliche Wirklichkeit hinein. Dabei verändert sich unser Bewusstseinszustand, unser Gehirn schaltet auf eine andere Frequenz um – und das gelingt am besten, wenn uns ein monotoner Trommelrhythmus, eine Rassel oder auch ein bestimmtes Tönen mit der Stimme unterstützt. Der schamanische Bewusstseinszustand, den wir für eine solche Reise einnehmen, ist gewissermaßen eine enorme Verstärkung des hellwachen Bewusstseins, mit dem du die Alltagsrituale ausführst.

Haben wir die nicht-alltägliche Wirklichkeit erreicht, sind wir selbst hinter dem sogenannten Vorhang: Wir nehmen Dinge wahr, die wir mit unseren physischen Sinnen nicht entdecken könnten. Wir können uns mit den unterschiedlichsten Wesen dort in der Anderswelt unterhalten und auf vielfältigste Weise Heilung für uns und andere erfahren oder sogar selbst anstoßen.

Der Sinn und der Nutzen einer solchen Reise ist es, in der geistigen Welt einen Rat, eine Kraft oder eine Botschaft zu erhalten und dann mit in die alltägliche Welt zu bringen. Manchmal verändert der Schamane in der nicht-alltäglichen Welt etwas, er macht dort mit seinen geistigen Helfern eine Heilarbeit, die sich dann auf die physische Welt auswirkt. Deswegen ist eine schamanische Reise auch ein sehr gutes Mittel in einer Krise. Sie kann uns etwas bewusst machen, was dann zu heilsamen Schritten führt, und sie kann bereits selbst eine Heilwirkung entfalten. Du kannst dich hierbei auch professionell begleiten lassen.

Im Anhang auf Seite 156 findest du auch Hinweise auf eine CD, die dich beim schamanischen Reisen begleiten oder sogar ein wenig führen kann. Dieses Reisen fällt einigen ganz leicht, während sich andere schwerer damit tun. Im Rahmen dieses Buches möchte ich das Reisen nur kurz beschreiben, da es sonst den Rahmen sprengen würde. Du findest ebenfalls im Anhang weitere Literatur dazu.

Eine schamanische Reise ist auf den ersten Blick mit einer Fantasiereise verwandt. Der Unterschied ist in der Tiefe aber erheblich: Denn bei der Fantasiereise folgen wir vorgegebenen Bildern, die wir in unserem Geist noch ein wenig ausschmücken. Bei der schamanischen Reise hingegen bewegen wir uns mit dem Bewusstsein in eine andere Wirklichkeit hinein, die wir noch nicht kennen. Es entsteht etwas völlig Neues, etwas, was uns vorher nicht bekannt war. Niemand gibt es uns vor. Alles ist offen. Alles ist möglich.

MINIRITUAL
Die schamanische Reise

Ich möchte dir dieses elementare Werkzeug der schamanischen Arbeit hier – wie gesagt – nur ganz kurz vorstellen. Vielleicht bekommst du auf diese Weise bereits einen Zugang dazu und kannst damit wertvolle Erfahrungen sammeln. Ansonsten kannst du über andere Bücher oder auch Seminare tiefer einsteigen.

- Die Reise beginnt damit, einen sogenannten Heiligen Raum zu erschaffen. Ganz einfach gesagt, heißt das: Du sorgst für ein angenehmes Umfeld und entspannst dich, du kommst ganz zu dir und findest zur Ruhe. Vielleicht möchtest du den Raum etwas schmücken und mit einer Kerze erhellen oder auf andere Weise eine Stimmung erzeugen, die für dich etwas Heiliges hat. Und natürlich solltest du dafür sorgen, dass du an deinem Platz nicht gestört wirst.

Fortsetzung auf Seite 79

Fortsetzung von Seite 78

- Nun folgt die innerliche Vorbereitung, die Klärung deiner Absicht. Du fragst dich: »Was ist das Ziel meiner Reise?« Du machst dir also bewusst, mit welcher Fragestellung du gleich in die nicht-alltägliche Wirklichkeit aufbrechen wirst.

- Anschließend legst du dich entspannt hin und lässt eine Trommelmusik laufen (Anregungen dafür findest du im Anhang). Du schließt die Augen und gehst innerlich zu einem konkreten Ort, von dem aus du deine Reise beginnen möchtest. Es sollte ein Platz mit einem Durchgang irgendeiner Art sein, zum Beispiel einem Gartentor oder einem alten Baum, durch dessen Wurzelwerk du in die Anderswelt gelangen kannst.

- Auf der anderen Seite bist du nun bereits in der nicht-alltäglichen Wirklichkeit: Alles, was dir von nun an begegnet, ist die andere Welt und hat mit deiner Absicht zu tun. Den leichten Trancezustand, in dem du dich vor allem wegen der Trommelmusik befindet, hältst du ganz einfach durch Konzentration und Aufmerksamkeit aufrecht.

- Nun machst du in der anderen Wirklichkeit deine Erfahrungen und triffst vielleicht unterschiedliche Wesen, mit denen du dich austauschen kannst. Vor allem auf den ersten Reisen dieser Art ist es wichtig, Verbündete zu finden, meist in Form von Krafttieren. Die kannst du dann jederzeit um Hilfe bitten – in der alltäglichen genauso wie in der nicht-alltäglichen Wirklichkeit.

- Wenn die Reise endet, holt die Trommel dich in die alltägliche Wirklichkeit zurück, indem sie ihren Rhythmus verändert – zumindest wenn du eine spezielle Musik für solche Reisen nutzt. Ansonsten beendest du die Reise einfach von dir aus. Du bedankst dich bei den Wesen in der anderen Welt und verabschiedest dich von ihnen.

- Versuche jetzt, den gleichen Weg zurückzugehen, den du gekommen ist. Wenn du wieder durch das Gartentor trittst oder aus dem Wurzelwerk des Baumes emporsteigst, hast du die Schwelle zur Anderswelt hinter dir gelassen. Komme nun langsam und sanft wieder in deiner Alltagswelt an und lass die positiven Energien der Reise noch etwas in dir nachklingen. Notiere dir am besten, was du erlebt hast und was es für dich bedeutet.

Kraftplätze
kreieren

Rituale wurden in der Tradition vieler Völker an besonderen Orten, sogenannten Kraftplätzen durchgeführt, die eine hohe Energie aufwiesen. Auch du kannst dir solche Plätze kreieren: in der Wohnung, am Arbeitsplatz, irgendwo in der Stadt oder in der Natur. Mit ein wenig Pflege werden sie deine Tankstellen für Kraft und innere Ruhe und deine Quellen der Inspiration.

WAS SIND
KRAFTPLÄTZE?

»Die Vorstellung von Kraftorten, an denen die Mauern und Gesetze der vergänglichen Welt sich auflösen, um Wunder zu enthüllen, ist wahrscheinlich so alt wie die Menschheit selbst«, schrieb Joseph Campbell in seinem Buch »Lebendiger Mythos«. Es waren schon immer solche besonderen Orte, an denen die Menschen ihre Rituale feierten und sakrale Bauten errichteten. Die Natur bietet uns weltweit zahllose Kraftorte an – Plätze mit einer speziellen Energie, mit einer außergewöhnlichen Ausstrahlung, Plätze, an denen wir frische Kraft tanken oder sehr leicht wertvolle Inspiration erhalten können.

Es ist natürlich nicht nötig, dass du für deine Alltagsrituale extra einen Kraftort aufsuchst. Es kann dir aber für die Gestaltung deines Lebens eine wertvolle Unterstützung sein, um das Phänomen der Kraftorte zu wissen. Es gibt sie in ganz unterschiedlicher Ausprägung. Da sind zum einen die Plätze mit einer nachweislich höheren Schwingung. Hier geschehen seit jeher außergewöhnliche Heilungen und die Menschen fühlten sich schon immer von diesen Orten angezogen – von Naturdenkmälern mit bizarren Felsformationen, uralten Bäumen oder Plätzen mit anderen herausstechenden Merkmalen. Wenn wir uns an solchen Orten aufhalten, sorgt die ungewöhnliche Schwingung dafür, dass Körper und Seele regenerieren und heilen.

Die besondere Schwingung
eines Kraftortes
kannst du dir auch selbst »erschaffen«.

An vielen Kraftorten kommen wir außerdem in eine besonders intensive Verbindung zu Mutter Erde oder auch zu den geistigen Kräften, ganz gleich, wie man sie nennt. Genau aus diesem Grund befinden sich alte Kirchenbauten sehr häufig auf solchen Plätzen. Unsere Vorfahren wussten sehr genau, dass sie ihre spirituellen Erfahrungen dort deutlich vertiefen konnten und dass ihre Gebete mehr Kraft erhielten, wenn sie in der Energie dieser intensivierten Verbindung zum Göttlichen ausgesprochen wurden. Tempel, Schreine, Kultbauten – sie alle standen jahrtausendelang auf den Kraftplätzen dieser Erde. Die christliche Kirche hat im Zuge ihrer Missionstätigkeit viele dieser alten Stätten zerstört und dann ihre eigenen Kirchen darauf errichtet. Auch in ihren Kreisen wusste man um die besonderen Kräfte, die von bestimmten Plätzen der Erde ausgehen, und nutzte sie.

Was macht manche Plätze so kraftvoll?

Woran liegt es eigentlich, dass bestimmte Orte der Erde mit einer höheren »Kraft« ausgestattet sind als andere? Wir alle kennen den besonderen Reiz eines schönen Fleckchens Natur. Wir sind angetan von einem See, einem Strand, einem schönen Felsen. Wir halten uns gern dort auf und haben nach wenigen Stunden das Gefühl, uns mit neuer Energie aufgeladen zu haben. Die gesamte Natur kann uns diesen Kick schenken.

Kraftplätze nun haben zusätzlich noch eine außergewöhnlich hohe Schwingung. Sensible Menschen können diese spüren und letztlich ist sie auch messbar, allerdings sind die Methoden wissenschaftlich umstritten. Uns jedoch braucht das nicht zu interessieren, denn was für uns zählt, ist die eigene Erfahrung. Wer an einem Kraftplatz Heilung erfahren hat, braucht dafür keinerlei wissenschaftliche Bestätigung. Er hat selbst erlebt, dass dieser Platz etwas Besonderes ist und dort eine höchst ungewöhnliche Energie herrscht.

INNEHALTEN
Lieblingsorte

Kannst du dich an Orte erinnern, an denen du dich rundum wohlgefühlt hast? Die dir auf außergewöhnliche Weise neue Kraft gegeben haben? An denen du vielleicht gesund geworden bist, obwohl du nichts weiter getan hast, als dort zu sein und die Energie zu genießen?

Möglicherweise waren es Urlaubsorte, die deshalb so positiv auf dich gewirkt haben, weil du selbst dort in einem anderen Zustand warst als im Alltag. Überlege aber mal, ob dir Orte einfallen, die ganz aus sich heraus irgendetwas Heilsames für dich haben. Irgendeine Energie, die dir vielleicht schon nach kurzer Zeit das Gefühl gibt, wieder ganz bei dir und gestärkt oder zuversichtlich zu sein. Es können Orte irgendwo fern auf anderen Kontinenten sein, sie können aber auch direkt vor deiner Haustür, im Stadtpark um die Ecke oder in der Natur draußen vor den Toren deines Wohnortes liegen.

Welche Plätze sind es, die dich zuverlässig mit neuer Kraft, mit frischen Ideen oder einer Portion Heilkraft versorgen? Vielleicht erinnerst du dich an einen Ort, der dich in Momenten der Erschöpfung schon häufiger wieder aufgebaut hat und den du regelmäßig aufsuchen kannst, um von seiner besonderen Schwingung zu profitieren.

EIGENE KRAFTORTE KREIEREN

Die Kraftplätze auf der ganzen Welt beziehen ihre wertvolle Energie natürlich aus der Erde, aus der Natur. Zusätzlich aber wurden sie über Jahrtausende von der Energie der Menschen »aufgeladen«, die dort gebetet, meditiert, um Heilung gebeten, gesungen, getanzt und ihre Rituale ausgeführt haben. Die ganze Energie, die diese Menschen dort eingebracht haben, hat die Kraft dieser Orte weiter verstärkt. All die Zwiegespräche mit dem Göttlichen, all die konzentrierte Versenkung ins eigene Innere, all die Bittgebete und all der Dank für erfolgte Heilung ist an diesen Plätzen gespeichert und kann von allen späteren Generationen mit genutzt werden.

Für uns heißt das nicht nur, dass wir an solchen Orten eine wertvolle, über lange Zeit kultivierte Energie tanken können. Es heißt auch, dass wir uns – in aller Bescheidenheit – unsere eigenen Kraftplätze kreieren können. Denn wie wir am Beispiel der traditionellen Heilungsorte sehen, geht es darum, einen Ort, der ohnehin schon eine gute Energie hat, weiter aufzuladen. Und genau das können wir selbst auch tun: uns gute Plätze auswählen und regelmäßig mit nährender Energie versorgen, die bald auch uns wiederum mit guten Schwingungen nährt. Wie du dabei vorgehen kannst, erfährst du auf den folgenden Seiten.

VIELFÄLTIG NUTZBAR

Kraftorte können auf vielfältige Weisen genutzt werden. Lass mich dir hier ein paar der wesentlichen Vorzüge von Kraftorten nennen. Deine Erfahrung wird bald weitere hinzufügen:

→ An einem Kraftplatz kannst du Kraft tanken und dich erholen.
→ Er gibt dir Erdung, macht dich ruhiger und schenkt dir Gelassenheit.
→ Körper und Seele können dort regenerieren.
→ Du kannst Intuition und Inspiration einladen – für neue Ideen, Antworten auf drängende Fragen oder Impulse zu Veränderungen.
→ In schwierigen Phasen findest du an einem Kraftort Trost, belebst deine Verbindung zu Mutter Erde neu und auch die Verbindung zu dir selbst und deiner Gefühlswelt, deiner Seele.
→ Ein Kraftort ist ideal, um zu meditieren und Rituale abzuhalten.
→ Mit der Zeit wird er dir zu einem Vertrauten in der Landschaft, in deiner Gegend, auf deinen Wegen.
→ Auf diese Weise stärkt sich auch dein Vertrauen – in dich selbst, in deine Umgebung, ins Leben.

MINIRITUAL

So entsteht ein neuer Kraftort

- Wähle einen Platz, der dir guttut. Vielleicht kennst du einen Platz, den du schon lange magst und an dem du dich gern aufhältst. Fällt dir nichts ein? Dann unternimm einen Spaziergang, um deinen Ort zu entdecken. Du solltest dich dort rundum wohlfühlen. Und natürlich ist es sinnvoll, einen Platz zu wählen, den du auch gut erreichen kannst.

- Wenn du deinen Platz gefunden hast, nimm dir die Zeit, um ihn in Ruhe kennenzulernen. Setz dich dorthin, wenn das möglich ist, und komm richtig an – bei dir und an diesem Platz. Wenn andere Menschen hier sind, kannst du sie einfach als Teil dieses Ortes wahrnehmen. Bleib bei dir. Atme tief durch und spüre in deinen Körper hinein – in die Füße, die Arme, den Rumpf.

- Begrüße nun diesen Platz und wenn du willst, auch die Wesen, die hier leben. Schau dich um, was es hier alles gibt. Vielleicht einige Bäume oder Sträucher, Energie, Schwingung.... Bestimmt gehören auch feinstoffliche Wesen dazu. Du kannst dir vorstellen, dass sie hier sind und dein Ankommen bemerkt haben. Begrüße also alle, die hier an diesem Platz leben. Bitte darum, diesen Ort als deinen Kraftplatz nutzen zu dürfen, den du dann öfter aufsuchen möchtest, um aufzutanken und dich zu inspirieren. Vielleicht spürst du, wie sich dein Herz öffnet, fühlst dich gestreichelt oder liebevoll umarmt. Vielleicht hörst du Worte in deinem Kopf oder das einladende Zwitschern eines Vogels.

- Lass den Ort nach und nach zu deinem Freund werden. Geh, so oft du willst und Zeit hast, dorthin. Genieße das, was dir dort gefällt oder dich berührt, und erforsche tiefer, was hier alles wahrnehmbar ist und was dir guttut. Komm zu dir, indem du hier ausspannst, mit den Wesen des Ortes kommunizierst und sie vielleicht auch ab und zu um Rat oder um genau die Kraftqualität bittest, die du gerade benötigst.

Fortsetzung auf Seite 87

Fortsetzung von Seite 86

- Geh immer respektvoll mit einem Kraftplatz um. Du kannst dir überlegen, ob du hier alltägliche Dinge machen möchtest wie Plaudereien am Telefon oder die Organisation in deinem elektronischen Kalender. Oder du nutzt die Ausflüge an deinen Kraftort ausschließlich dafür, um für kurze Momente alles Anstrengende und Betriebsame, alles Alltägliche, alle To-do-Listen hinter dir zu lassen und ganz zu dir, zur Ruhe und in deine Kraft zu kommen.

- Wenn du den Platz verlässt, ist es schön, dich zu verabschieden und zu bedanken. Dafür kannst du den »guten Geistern« auch etwas Tabak, ein paar Teeblätter oder einige Kräuter hinstreuen, wenn du möchtest.

Deinen ausgewählten Platz kannst du so oft wie möglich besuchen und dort Zeit verbringen. Jedes Mal wird er dabei an Energie gewinnen, die wiederum ein Gewinn für dich ist, wann immer du dich dort aufhältst. Es ist, als würdet ihr euch gegenseitig immer weiter mit positiver Energie aufladen. Auf diese Weise wird dein Kraftplatz im Alltag ein sehr hilfreicher Anker für dich, er erdet dich und stabilisiert dich bei all den Herausforderungen deines Lebens und Wirkens.

Über die Zeit kannst du beobachten, wie sich dieser Platz verwandelt, aber vor allem ist es dein Blick auf diesen Platz, der sich weiterentwickelt. Der Platz selbst verändert sich durchaus auch durch die liebevolle Energie, die ihm zuteilwird, wenn du dort deine Gefühlswelt pflegst, vielleicht einen geistigen Gefährten einlädst oder meditativ der Stille hinter allen Dingen lauschst. Wenn du betest und dankst oder einfach dein Herz überfließen lässt. Je mehr du diesem Platz gibst, umso mehr wirst du von ihm erhalten. Und seine immer kraftvollere Ausstrahlung wird sich dann auch auf die Menschen auswirken, die hier entlangkommen.So kann deine Arbeit mit deinem Kraftplatz ein kleiner Beitrag sein, die Umgeben und letztlich die Welt zu einem schöneren und energievolleren Platz zu machen.

EIGENE KRAFTPLÄTZE:
IN DER STADT

Natürlich vermuten wir Kraftplätze vor allem in der Natur. Doch es gibt sie auch in der Stadt – denn ursprünglich wurde die Stadt in die Natur gesetzt, sie wurde in einer natürlichen Landschaft errichtet und ist dort immer weiter gewachsen. Deswegen gibt es auch in den meisten Städten Stellen mit einer besonderen Schwingung. Sehr leicht nehmen wir das dort wahr, wo sich ein alter Baum befindet oder ein besonders schönes Flussufer, ein Hügel in einem Park oder Ähnliches.

Dazu kommen in Städten traditionelle oder auch neue Bauwerke, die eine besonders gute Energie ausstrahlen. Entweder, weil sie gleich so erbaut worden sind, dass die Energien dort außergewöhnlich gut fließen – in Asien würde man hier von gutem Feng Shui sprechen. Oder es hat sich über die Zeit und durch die Art der Nutzung eine gute Energie aufgebaut: vielleicht in einem Museum mit wertvollen Kunstwerken, vor denen zahllose Menschen dankbar staunend stehen bleiben, oder in einem Theater oder einem Tanzsaal, wo Menschen seit Jahrzehnten ihrer Lebensfreude Ausdruck verleihen. All das lässt sich erspüren und all das kann man für sich nutzen.

MACH DIR PLÄTZE ZU EIGEN

Vielleicht hast du bereits deine Lieblingsplätze in deiner Stadt – ob es ein Café ist, eine bestimmte Stelle im Stadtpark, ein besonderer Baum in einer Straße, der Saal des Opernhauses, ein Springbrunnen oder was auch immer. Solche Orte, die ja bereits eine gute Schwingung für dich ausstrahlen, kannst du dir bewusst zu Kraftplätzen machen. Du lädst sie ganz aktiv weiter mit Energie auf und kannst dann immer davon zehren, wenn du daran vorbeikommst. Sind sie einmal als Kraftplätze etabliert, lassen sie sich dauerhaft nutzen – und jedes Mal, wenn du dort bist, schenkst du ihnen Energie und nimmst gleichzeitig Energie auf. Es ist ein Geben und Nehmen, eine Aufwärtsspirale der Energien – ähnlich wie in einer alten Kirche, in die die Menschen mit all ihren Fragen und Sorgen zum Beten kommen. Während sich die Energie in diesen Menschen wandelt und sie den Ort gestärkt verlassen, laden sie ihn zugleich mit ihrer emotionalen Energie auf. Da all dies in Achtsamkeit geschieht und höhere Mächte einbezogen sind, werden solche Orte nicht etwa zu emotionalen Müllhalden, sondern gewinnen über die Zeit immer mehr Kraft und Ausstrahlung.

MINIRITUAL
Dein Kraftplatz in der Stadt

Auf Seite 86 hast du bereits die einzelnen Schritte kennengelernt, mit denen du dir einen Kraftplatz etablieren kannst. Was ich dort allgemein beschrieben habe, kannst du genauso für die Stadt im Besonderen anwenden:

- Du wählst dir einen Platz in der Stadt, der dir guttut. Unterschiedliche Orte haben natürlich unterschiedliche Schwingungen (mehr dazu ab Seite 90).

- Wenn du deinen Platz gefunden hast, nimmst du dir die Zeit, ihn in Ruhe zu erkunden. Du siehst dich um, fühlst dich ein und nimmst Kontakt zu allem auf, was hier lebt. So kommst du immer wieder hierher und lässt den Ort nach und nach zu deinem Vertrauten werden.

- Geh auch in der Stadt respektvoll mit einem Kraftplatz um. Wenn du ihn dir für Zeiten der Achtsamkeit reservierst, wird er umso kraftvoller werden.

- Beim Verlassen des Platzes kannst du dich verabschieden und bedanken.

Spüren, was guttut

Bei der Auswahl eines Kraftplatzes kommt es auf dein Gespür an. Auch unter den traditionellen und offiziell bestätigten Kraftplätzen gibt es welche, die Einzelnen nicht unbedingt guttun, zumindest nicht in der aktuellen Lebensphase. Energie ist wertfrei. Sie wirkt in genau der Schwingung, die sie hat. Und manchmal ist das eine Schwingung, die wir benötigen, die uns nährt und stärkt. In anderen Fällen wirkt sie neutral oder sogar unangenehm bis schädlich auf uns. Wenn du beginnst, dich mit Kraftorten zu beschäftigen und dir selbst in deinem Umfeld welche zu suchen oder sogar zu »erschaffen«, ist dein Gefühl der beste Maßstab und Wegweiser.

Achte darauf, welche Orte dich anziehen und an welchen du dich nicht so wohlfühlst, obwohl andere sie vielleicht ganz toll finden. Viele Menschen haben ihre eigenen kleinen Kraftplätze irgendwo im Park oder bei einem Baum in der Straße. Sie tanken dort auf, können innere Lasten abladen und haben schon so manchen Rat aus der Natur erhalten. Andere Menschen aber laufen an diesem Ort vorbei, ohne irgendetwas zu bemerken. Vertraue deinem Gespür für »deinen« Platz und gib dir und ihm die Zeit, dass ihr euch aneinander gewöhnt und seine Energie immer wertvoller für dich werden kann.

DEIN ANLIEGEN BESTIMMT DIE ART DES PLATZES

Ganz intuitiv wählen sich Menschen meist die Plätze, die ihnen gerade guttun. Bei einem Kummer, der uns keine Ruhe finden lässt, streifen wir durch die nächtlichen Straßen. Wenn wir über etwas nachdenken wollen, spazieren wir am Fluss entlang. Wollen wir Ruhe und Kraft finden, setzen wir uns an einen alten dicken Baum. Jeder von uns kennt bestimmt schon solche »Kraftplätze«.

In einer Stadt hast du die vielfältigsten Möglichkeiten, dir auch bestimmte »Themen-Kraftorte« zu erschließen: vielleicht den Hinterhof vom früheren Wohnhaus eines romantischen Dichters für

Momente der Schwermut, die du durchfühlen und zugunsten neuer Zuversicht loslassen möchtest. Oder einen alten Baum in der Nähe eines Kinderspielplatzes für sprudelnde Lebensfreude. Du kommst immer wieder mit genau diesen Anliegen an diese Plätze, kannst dich jedes Mal noch intensiver mit ihnen vertraut machen und bald in Sekundenschnelle das tanken, was du brauchst.

INNEHALTEN

Der Fluss der Energien

Diese kleine praktische Erfahrung kann dein Gespür für die Energie in deiner Umwelt schärfen. Du begibst dich dazu auf eine Brücke, unter der ein Bach oder ein Fluss entlangfließt. Wenn wirklich ein deutliches Strömen und Fließen da ist, wird es umso leichter. Wähle also den größten Flussarm in deiner Umgebung.

Stell dich nun auf die Seite der Brücke, auf der dir der Fluss entgegenkommt. Du schaust dem Wasser entgegen, alle seine Kraft strömt auf dich zu und lädt dich auf. Ein Platz mit einer solchen Grundschwingung ist aufladend. Er gibt dir Kraft.

Das Gegenteil erlebst du auf der anderen Seite der Brücke: Hier siehst du, wie sich das Wasser von dir wegbewegt. Du kannst einen leichten Sog weg von dir spüren. Hier kannst du dem Wasser alles mitgeben, was dich belastet, was nicht mehr zu dir gehört. Eine solche Stelle hat eine ableitende Energie.

Nutze die Brücke, um ein immer feineres Gespür für Energien und Schwingungen aus dem Umfeld zu bekommen. Bald wirst du auch an den unterschiedlichsten potenziellen Kraftplätzen merken, auf welche Weise sie auf dich einwirken. Dann kannst du bewusst wählen, wohin du dich mit welchem Anliegen begibst.

EIN PAAR IDEEN FÜR KRAFTPLÄTZE IN DER STADT

Städte sind heutzutage nicht nur Schmelztiegel der unterschiedlichsten Kulturen, sie sind oft auch Zentren von Kreativität, Vielfältigkeit und Fülle. Entsprechend bunt ist das Angebot an potenziellen Kraftplätzen. Du kannst sie frei danach wählen, was dich anzieht und was deinem grundsätzlichen Anliegen in deiner aktuellen Lebensphase entspricht:

→ Such dir einen Platz an einem Springbrunnen, wenn es dir um das Fließen oder Reinigen geht oder wenn du Botschaften vom Wasser erhalten möchtest.

→ Ähnlich kann ein Platz an einem Fluss oder Bach sein, direkt am Ufer oder auch auf einer Brücke. Hier kannst du, wie bereits beschrieben, unterscheiden, ob du den Platz als ableitend (dann lässt du das Wasser von dir wegfließen) oder energetisierend (dann lässt du das Wasser auf dich zukommen) nutzen möchtest.

→ Wähle einen Park oder bestimmte Bäume, wenn es dir um Verwurzelung und eine vertiefte Verbindung mit Mutter Erde geht. Dort kannst du dich auch mit all den kleinen Tieren, Vögeln und Insekten und ihren Botschaften für dein Leben befassen.

→ An einer Grünanlage mit Blumen kannst du dich mit den Themen Wachstum und Aufblühen verbinden.

→ Ein Hinterhof könnte dein Kraftplatz sein, wenn du versteckte Potenziale und Geheimnisse aus deinem Inneren hervorlocken möchtest.

→ Auch die unterschiedlichsten Denkmäler können sehr interessante Kraftplätze sein.

→ Ein bestimmter Tisch in deinem Lieblingscafé kann ebenfalls ein Kraftplatz sein – dort fühlst du dich ganz für dich und zugleich mit anderen Menschen verbunden. Du kannst entspannen, genießen und dich zugleich auf beste Weise anregen lassen.

→ Auch bei bestimmten Gebäuden kannst du deinen Kraftplatz finden. Ob es eine Kathedrale ist, ein anderer Tempel, ein Schloss, ein Theater, der Wohnort eines längst verstorbenen Künstlers – viele historische Bauten laden uns mit einer wohltuenden Energie zu sich ein.

KLEINE RITUALE AN DEINEM URBANEN KRAFTPLATZ

Viele Rituale, die ich dir in diesem Buch vorstelle, kannst du auch an deinen urbanen Kraftplätzen durchführen. Und vielleicht regen dich die Plätze selbst dazu an, dir deine ganz persönlichen Alltagsrituale zu gestalten. Die Funktion des Kraftplatzes kann es dann sein, dir einen Rahmen für dein Ritual zu geben. Wenn du deinen Kraftplatz betrittst, wirst du sofort von seiner positiven Schwingung eingeladen, ganz zu dir zu kommen, dich zu fokussieren und dir das ins Bewusstsein zu holen, was dir wirklich wichtig ist. Ein solcher äußerer und innerer Rahmen macht ein Ritual erst so wirkungsvoll. Wenn du dazu noch mit den »guten Geistern« des Platzes in Kontakt gehst, hast du dir einen Ort geschaffen, der dir Kraftquelle und Ratgeber zugleich sein kann.

MINIRITUAL
Im Gespräch mit den Göttern

An Denkmälern, Statuen oder auch Springbrunnen finden sich oft die unterschiedlichsten Figuren: antike Götter, Fabelwesen, Tiere, Dämonen, Herrscher aus vergangenen Zeiten oder auch Komponisten. Mit ihnen allen kannst du dich auf geistigem Wege verbinden. Wenn dein Kraftplatz in der Stadt solche Skulpturen enthält, setz dich zu ihnen, lass sie auf dich wirken und fang einfach mal ein Gespräch mit ihnen an. Wenn ihr euch bekannt gemacht habt, bereitet es diesen Wesen sicher Freude, dich in aktuellen Fragen deines Lebens zu beraten. Stell ihnen deine Fragen und lausche auf die Antworten. Vertraue auf deine Intuition und lass dich überraschen.

KRAFTPLÄTZE – AUCH MITTEN IN DER STADT

Überall kannst du Kraftplätze erleben und sogar selbst aktivieren. Auch mitten in der Stadt ist es möglich, sich nach und nach einen Ort mit Kraft aufzuladen und von dieser Kraft immer wieder zu zehren. Du kannst hier Antworten finden, zur Ruhe kommen und erleben, wie sich dir neue Perspektiven eröffnen.

EIGENE KRAFTPLÄTZE:
IN DER NATUR

Auch wenn sie uns vielleicht nicht jeden Tag zugänglich sind – die Kraftplätze in der Natur sind etwas ungemein Wertvolles. Wenn du welche kennst oder von Orten weißt, an denen du dir deinen eigenen Kraftplatz etablieren kannst, kann ich dir nur empfehlen, dies zu nutzen. Du hast die Möglichkeit, am Wochenende und im Urlaub altbekannte Kraftplätze aufzusuchen und dich von ihnen energetisieren zu lassen. Und du kannst dir eben auch eigene etablieren. Die gesamte Natur ist letztlich ein Kraftplatz. Jeder fühlt sich »draußen« wohl, tankt auf, bekommt neue Ideen und Lösungsansätze. Die Natur spiegelt uns nicht zuletzt unsere innere Natur.

INNEHALTEN

Vernetzt mit allem Leben

Setz dich irgendwo draußen in der Natur an einen Baum und komm erst einmal zur Ruhe. Beginne dann bewusst, nach unten zu den Wurzeln des Baumes hinzuspüren. Lass vor deinem inneren Auge das Bild dieser Wurzeln entstehen und sieh, wie sie sich mit den Wurzeln all der anderen Bäume und Pflanzen in der Umgebung verflechten. Lass dir deutlich werden, wie alles auf dieser Erde miteinander vernetzt ist – im World Wide Web ebenso wie in der Natur. Spüre, dass du selbst ein Teil dieses großen Netzwerks der Lebendigkeit bist.

INNEHALTEN

Die Natur als Ratgeberin

Mach es dir an deinen Platz bequem, spüre die Ruhe, die von der Natur ausgeht, auch in dir selbst. Stell dir dann Fragen, die dich bewegen. Zum Beispiel: »Was kann ich mir vom natürlichen Kreislauf der Natur abschauen – wenn ich nicht in Schwung komme, wenn ich mich blockiert fühle, wenn es mir nicht schnell genug gehen kann?« Alles in der Natur ist und bleibt in Bewegung, alles verändert sich stetig – und genauso ist es auch in unserem Leben.

MINIRITUAL

Den Wandel der Zeiten erspüren

Wenn du dir einen Kraftplatz in der Natur etabliert hast, kann es sehr lohnend sein, ihn regelmäßig über einen längeren Zeitraum hinweg zu besuchen – zum Beispiel einmal im Monat oder zumindest immer dann, wenn die Jahreszeit wechselt. Machst du das ein Jahr lang, hast du deinen Platz über alle vier Jahreszeiten hinweg erleben können. Das wird dir ein tief gefühltes Verständnis für die großen Zyklen des Lebens geben. Du wirst auf eine tiefere Weise verstehen, dass Freude und Sorge, Wachstum und Rückgang, Aktivität und Pause, Lob und Tadel gleichermaßen zum Leben gehören. Die Natur verankert dieses Wissen in dir, sodass du es auch in deinem Alltagsleben nutzen kannst.

EIGENE KRAFTPLÄTZE:
IN DER WOHNUNG

Der Ort, an dem du wahrscheinlich die meiste Zeit verbringst, ist dein Zuhause. Im besten Fall ist deine ganze Wohnung oder dein ganzes Haus ein Kraftplatz, an dem du dein Leben genießt, dich erholen und stetig neue Kraft schöpfen kannst. Und auch innerhalb deiner Wohnräume hast du vielleicht den einen oder anderen Lieblingsplatz: ein bestimmter Sessel, ein Eckchen an der Heizung, die Liege auf dem Balkon, die Badewanne, das Sofa in der Küche oder was auch immer es bei dir ist. Möglicherweise hast du noch nie darüber nachgedacht, warum, aber dieser Platz gibt dir ein besonderes Gefühl der Behaglichkeit. Hier bist du einfach am liebsten.

KRAFTINSELN ZU HAUSE

Genauso wie du dir in der Stadt und in der Natur Kraftplätze schaffen kannst, kannst du das natürlich auch zu Hause tun. Ob Kraftplätze drinnen oder draußen sind, ist nicht das Entscheidende für ihre Wirkung. Das Prinzip ist das gleiche: Du wählst einen Ort aus, am besten einen, an dem du dich ohnehin bereits wohlfühlst – sei es dein Sofa, eine Ecke im Zimmer, die für Meditation und spirituelles Wirken reserviert ist, ein Fach im Bücherregal oder ein Balkonkasten oder ein Beet an der Terrasse.

Dann nimmst du dir etwas Zeit, um dich bewusst mit diesem Ort zu verbinden: Du setzt dich dorthin, kommst innerlich zur Ruhe, nimmst vielleicht mit den »guten Geistern« dieses Platzes Kontakt auf und bittest sie, dir dabei zu helfen, an dieser Stelle einen Kraftplatz zu kreieren. Du machst dir (und ihnen) dein Anliegen klar, deine Absicht, aus der du diesen Platz auf diese neue Weise nutzen möchtest. Vielleicht, weil du mehr Kraft im Leben haben möchtest, weil du eine Krankheit überwinden willst oder weil dich neue Vorhaben locken, die ins Leben gebracht werden wollen.

Such diesen Ort von nun an immer dann auf, wenn du dich mit diesem Anliegen verbinden möchtest. Setz dich in deinen Kraftsessel, um zu regenerieren. Leg dich auf dein Kraftsofa, um von deiner Zukunft zu träumen, in der du dein volles Potenzial lebst. Natürlich ist es förderlich, diesen Platz rein zu halten, ihn auch energetisch – zum Beispiel mit dem Rauch des Weißen Salbeis – zu reinigen (ein Ritual dazu findest du auf Seite 103) und ihn ganz nach deinen persönlichen Vorlieben zu schmücken. Lass deiner Gestaltungslust dabei freien Lauf und erspüre immer neu, wie sich dein Platz für dich anfühlt und was er vielleicht von dir möchte.

Altar und Meditationsplatz

Wenn wir einen bestimmten Platz in einem Raum zu Hause dafür reservieren, unser Ort für die Besinnung, für die Pflege der inneren Ruhe, für das Heilige zu sein, dann machen wir ihn damit schon zu einem ganz besonderen Platz. Früher gab es in vielen katholischen Haushalten und auch Gasthäusern das sogenannte Herrgottseck. Heute haben viele spirituell orientierte Menschen einen Altar in der Wohnung, auf dem Gegenstände liegen, die ihnen heilig sind. Andere haben einen Platz, der ausschließlich der Meditation vorbehalten ist. An solchen Orten würden sie niemals essen oder gar streiten oder fernsehen. Sie haben diesen Bereich als besonderen Ort eingerichtet, und genau das soll er auch bleiben. Dieser Platz strahlt für sie eine Energie aus, die »gewöhnliche« Plätze nicht haben. Indem wir einem Ort eine bestimmte, nicht-alltägliche Funktion zuweisen und die damit verbundene Energie achtsam pflegen, entsteht bereits ein Kraftplatz.

MINIRITUAL

Mobile Kraftorte

Dein persönlicher Kraftplatz muss nicht an einen festen Ort in der Wohnung gebunden sein. Gerade wenn dein Zuhause recht klein ist, kann sich ein mobiler Kraftort empfehlen. Er ist auch dann sehr praktisch, wenn du deine Alltagsrituale, Meditationen oder andere Übungen nicht immer am gleichen Platz machen möchtest. Und natürlich musst du dort nicht immer aktiv sein, sondern kannst den Platz, wenn du ihn einmal aufgebaut und energetisch etabliert hast, auch einfach nutzen, um innezuhalten und für eine Zeit mal gar nichts zu tun. Er ist wunderbar dafür geeignet, die Seele baumeln zu lassen. Im Folgenden möchte ich dir ein paar Beispiele für mobile Kraftorte geben:

- Du kannst zum Beispiel ein kleines Tischchen oder einen Hocker als Altar verwenden und dann als mobilen – oder auch festen – Ritual- und Kraftplatz benutzen. Vielleicht möchtest du den Altar mit einer Decke schmücken und Gegenstände darauf verteilen, die dir wichtig sind und die du für deine Alltagsrituale brauchst: dein Räucherzeug, vielleicht eine Kerze oder Fotos von Ahnen oder Heiligen, die dir etwas bedeuten, oder von deinen Kraftorten in der Natur. All dem kannst du auf deinem mobilen Altar ein Zuhause geben, an dem es gewürdigt ist. Auch ein Tablett erfüllt diese Funktion und ist noch kleiner als ein Tischchen oder Hocker.

- Wenn du einen solchen Altar einrichtest, kannst du dich an den Utensilien für Kraftorte orientieren, die ich dir gleich noch vorstellen werde. Und du kannst den mobilen Kraftort, auch wenn er beweglich ist, an den vier Himmelsrichtungen und ihren Kräften ausrichten. Wie du dabei vorgehst, ist beim »heiligen Raum im Büro« auf Seite 107 beschrieben. Ebenso kann der mobile Kraftort der aktuellen Jahreszeit gewidmet und mit Typischem aus dieser Saison ausgestattet sein.

Fortsetzung auf Seite 101

Fortsetzung von Seite 100

- Traditionelle Schamanen einzelner Kulturen tragen meist einen sogenannten Medizinbeutel bei sich. Das ist ein kleines Säckchen aus Stoff, Fell oder Leder, in dem sich die Gegenstände befinden, die ihnen heilig sind und sie bei ihrer spirituellen Arbeit unterstützen, zum Beispiel Steine, die mit einer besonderen Kraft aufgeladen sind, Federn von Vögeln, die ihre Krafttiere sind, Muscheln, Perlen oder Rinde von besonderen Bäumen. Auch ein solches Säckchen kannst du dir zusammenstellen und als mobilen Kraftplatz nutzen. Wann immer du ihn bei dir spürst, nimmst du auch seine Kraft wahr.

- Eine ebenfalls traditionell genutzte Möglichkeit für einen mobilen Kraftplatz ist eine Ritualdecke. Das kann eine dicke oder dünne, genähte, gequiltete oder gehäkelte Decke sein, die du immer dann unter dir ausbreitest, wenn du meditieren oder eines der Alltagsrituale ausführen willst. In gewisser Weise ähnelt eine solche Decke dem Gebetsteppich, wie ihn Anhänger des Islam nutzen. Und auch die Thangkas der tibetischen Buddhisten erfüllen eine ähnliche Funktion, auch wenn man sich dort nicht daraufsetzt, sondern sie zur Meditation vor sich aufhängt. Mit deiner Ritualdecke bist du äußerst flexibel. Und wenn du sie über die Zeit mit deiner ganz persönlichen Kraft und der all deiner guten Geister aufgeladen hast, schwingt dir diese positive Energie entgegen, sobald du die Decke ausbreitest, um darauf Platz zu nehmen. Wenn du Freude daran hast, kannst du eine solche Decke natürlich auch nach Herzenslust schmücken und verzieren und zum Beispiel Gegenstände daran festnähen, die dir wichtig sind, oder Muster und Symbole darauf nähen oder sticken.

- Egal, welche Art von mobilem Kraftort du nutzt, sie alle geben dir Kraft, wenn du sie immer wieder mit Achtsamkeit und der Hilfe deiner guten Geister auflädst. Sie erinnern dich dann an das, was dir wirklich wichtig und heilig ist. Und sie stehen dir überall zur Verfügung: in der Küche, am Schreibtisch, neben deinem Meditationsplatz oder beim entspannenden Wannenbad. Wo auch immer du sie brauchst.

HILFREICHE UTENSILIEN
FÜR DEINEN KRAFTORT

Weil die Vielfalt so unermesslich groß ist, möchte ich dir hier eine kleine Liste mit Dingen an die Hand geben, die deine Kraftplätze schmücken und ihnen Bedeutung verleihen können. Kraft bekommen diese Dinge – wie auch die Orte selbst –, wenn du sie mit deiner Achtsamkeit, mit deiner Absicht und mit guten Qualitäten auflädst und dabei auch die geistige Welt um Unterstützung bittest. Nach und nach erhalten diese Gegenstände und die Orte dann die positiven Energien, die dir im Weiteren wiederum zugutekommen werden.

Diese Requisiten können deine Kraftorte stärken und dich bei deinen Ritualen unterstützen:

→ Blumen oder Topfpflanzen
→ Steine, die du – wenn du möchtest – auch mit Farben, Mustern oder Symbolen bemalen kannst
→ Kristalle
→ Steine oder Sand
→ Muscheln
→ Federn
→ Rinde
→ Räucherwerk
→ Kräuter
→ Tabak
→ Figuren wie Krafttiere oder Engel
→ Fotos oder Postkarten
→ Rasseln, Glocken, Trommeln oder Klangschalen
→ Salze, die gern zum Reinigen verstreut und dann wieder zusammengekehrt werden
→ Duftessenzen oder Meisteressenzen
→ Duftlampen
→ Gebetsfahnen

RITUALE FÜR ZU HAUSE

Hast du dir deine Kraftorte zu Hause eingerichtet, kannst du sie jederzeit genießen und vor allem dann aufsuchen, wenn du entspannen, regenerieren oder an dem ein oder anderen Thema arbeiten möchtest. Lass sie wirklich zu deinen Oasen werden, die dir immer neu Zuversicht und Kraft schenken. Jedes Mal, wenn du dort mit deiner ganzen Aufmerksamkeit Zeit verbringst, laden sie sich mit guter Energie auf.

MINIRITUAL

Energetischer Hausputz

Für dieses Ritual brauchst du Räucherwerk (siehe Seite 50). Es hilft dir, deine Wohnräume von schweren Energien zu befreien und eine frische, positive Stimmung zu verbreiten. Führe dieses Ritual am besten regelmäßig durch.

- Sammle dich, entzünde dein Räucherwerk – ich nehme am liebsten Weißen Salbei – und beginne an der Haus- oder Wohnungstür damit, den Rauch zu verteilen. Geh dabei immer an der Wand entlang, während du Raum für Raum räucherst. Bitte darum, dass der Rauch diese Räume reinigen und schützen möge. Öffne die Fenster, an denen du vorbeikommst, und schick die verbrauchten Energien hinaus. Bitte darum, dass alles geht, was nicht förderlich ist. Reinige so alle Ecken und alle Plätze.

- Wenn du am Ende wieder an der Wohnungstür angekommen bist, öffne sie und schick mit dem Rauch auch dort alle Energien hinaus, die nicht zu dir und deinen Lieben und nicht in dein Leben gehören.

MINIRITUAL

Die Kraft der Mitte

Dieses Ritual eignet sich besonders für Zeiten, in denen du schwer abschalten kannst, weil du zu viel zu tun hast oder dich Sorgen oder Ängste belasten. Dann schafft dir dieser zeitweise Kraftort eine Oase zum Innehalten.

- Markiere dir in dem Raum, in dem du zur Ruhe kommen willst, einen Kreis. Dazu kannst du Stoffe oder Bänder auslegen. Oder du stellst Kerzen in einem Kreis auf. Du kannst auch kleine Steine, Federn und Muscheln nutzen, den Kreis zu markieren. Lass eine Öffnung als Eingang frei.

- Bevor du in deinen Kreis eintrittst, halte inne, verbinde dich mit einem geistigen Helfer oder allgemein mit einer höheren Kraft, so wie es sich für dich stimmig anfühlt. Du kannst auch ein Krafttier bitten, am Eingang deines Kreises Wache zu halten, um dich von ungünstigen Energien abzuschirmen.

- Geh dann mit einem bewussten Schritt in deinen Kreis hinein. Setz oder leg dich auf den Boden und entspann dich oder meditiere. Oder tu, was immer dir jetzt guttut. Spüre, dass du dich an einem besonderen Ort abseits des Alltäglichen befindest, und genieße die Energie dort.

- Wenn es für dich an der Zeit ist, wieder in deine Alltagswelt zurückzukehren, sammle dich noch einmal vor diesem Schritt nach draußen. Bedanke dich bei deinen geistigen Unterstützern und verlass den Kreis dann bewusst durch den Ausgang. Bau deinen Kraftkreis anschließend ganz in Ruhe wieder ab.

Für dieses Ritual kannst du dir auch eine bestimmte Fragestellung überlegen, die du klären möchtest. Dazu legst du dir ein Set Orakelkarten an den Eingang. Wenn du in deinem Kreis und in dir selbst angekommen bist, machst du dir deine Frage noch einmal bewusst und ziehst eine Karte. Mit ihrer Botschaft kannst du dann einige Zeit still in deinem Kreis sitzen und darüber reflektieren.

Lass das Orakel sprechen

Bei schwierigen Entscheidungen oder anderen herausfordernden Fragen im Leben kannst du dieses Ritual anwenden. Es arbeitet mit einem Set Orakel-karten, von denen es unzählige auf dem Markt gibt, und mit der Kraft der Spirale, die seit Tausenden von Jahren für spirituelle Rituale genutzt wird. Das von mir und Franziska Muri entwickelte Rauhnächte-Orakel mit Kartenset (siehe Seite 156) eignet sich zum Beispiel sehr gut dafür, weil es neunundvierzig kraftvolle Helfer, Begleiter und Kraftorte enthält, die dich in allen Lebenslagen unterstützen können. Wir haben es zwar für die Rauhnächte entwickelt, es lässt sich aber auch das ganze Jahr über bestens verwenden, denn diese helfenden Kräfte sind immer für uns da.

- Wähle ein Orakel aus und leg die Karten in einer großen Spirale auf dem Boden aus. In der Mitte sollte Platz bleiben, sodass du dort sitzen kannst.

- Du stehst außerhalb der Spirale, hältst inne und verbindest dich mit Himmel und Erde. Du spürst dich zwischen diesen Polen – aufgespannt in deiner ganzen Kraft. Mach dir dein Anliegen oder deine Fragestellung bewusst.

- Nun gehst du ganz langsam mit achtsamen Schritten in die Spirale hinein bis zur Mitte. Intuitiv wählst du auf diesem Weg eine Karte aus, du hebst sie auf und nimmst sie mit.

- Wenn du in der Mitte angekommen bist, setz dich dort hin, dreh die Karte um und lass sie auf dich wirken. Lass zu, dass dich ihre Botschaft intuitiv erreicht.

- Wenn du spürst, dass das Ritual für dich zu Ende geht, gehst du ganz bewusst den Weg wieder nach draußen in die alltägliche Wirklichkeit. Wenn es dir nötig erscheint, kannst du jetzt im Begleitheft deines Orakels noch nachlesen, was diese Karte möglicherweise auch für dich bedeutet.

EIGENE KRAFTPLÄTZE:
IN BÜRO & CO

Die meisten von uns halten sich einen Großteil ihrer Zeit dort auf, wo sie arbeiten – im Büro, in der Praxis, im Geschäft, in der Schule. Wenn wir uns dort einen Kraftplatz errichten, unterstützt uns das in stressigen Zeiten nicht nur dabei, gelassener und zentrierter zu bleiben, wir verlieren auch nicht so viel Energie und können zusätzliche Ressourcen aktivieren. Das erste Ritual nutzen viele Menschen sowieso schon.

MINIRITUAL
Neue Kraft vom Bildschirm

Lade dir ganz bewusst einen Bildschirmhintergrund auf den Computer, der dir Kraft gibt. Das könnte ein Krafttier oder ein Lieblingstier mit Qualitäten sein, die du im Job gern an den Tag legst. Mit diesem geistigen Helfer kannst du dich dann tagsüber immer wieder aktiv verbinden. Es könnte auch ein Urlaubsfoto sein, das für dich Ruhe, Schönheit, Erholung, Freiheit oder Verbundenheit mit deinen Liebsten ausstrahlt. Diese Qualitäten kannst du dir dann im Laufe des Tages immer neu bewusst machen. Oder du wählst allgemein ein Bild der Stille und Ruhe, zum Beispiel eine Kathedrale oder einen Wald, um dich an diese Kräfte zu erinnern. Oder ein Foto von unserem Planeten Erde in seiner ganzen Schönheit – damit besinnst du dich auch in Trubel oder Ärger darauf, dass es dir um die höhere Verbundenheit mit allem geht, was ist.

Der heilige Raum im Büro

Wenn du ungestört bist – vor der Arbeit oder nach Feierabend –, kannst du dir im Büro einen Kraftort kreieren: als heiligen Raum, der dich trägt und nährt. Ist er einmal etabliert, brauchst du ihn nur ab und an neu zu aktivieren.

- Nimm dir mindestens fünf Gegenstände mit, die du schätzt, die dir etwas bedeuten und die zugleich nicht zu auffällig sind. Es können Steine aus dem Urlaub sein, Muscheln, Fotos, kleine Figuren. Vielleicht hast du solche Dinge sowie schon in deinem Büro. Auch Topfpflanzen sind geeignet.

- Orientiere dich mithilfe von Sonne oder Kompass, wo sich welche Himmels-richtung befindet. Leg in jede der vier Himmelsrichtungen einen Gegenstand: auf den Boden, ins Regal oder auf einen Tisch. Die Dinge können den Raum auch schmücken, niemand muss wissen, wofür sie dir dienen.

- Ins Zentrum des Raumes, idealerweise auf deinen Schreibtisch legst du den fünften Gegenstand. Dort kannst du dir sogar eine Art Altar mit Gegenstän-den errichten, die dich stärken – mit Fotos, Erinnerungsstücken oder Steinen.

- Sammle dich nun nach diesen äußeren Vorbereitungen und verbinde dich dann mit dem Osten. Lade die Kraft des Ostens ein, hier mit dir in diesem Raum zu sein und dich zu unterstützen. Bitte den Osten, seine Kraft zu deinem Gegenstand, der im Osten liegt, fließen zu lassen. Spüre, wie sich die Energie im Raum bereits ein wenig wandelt.

- Verfahre nun genauso mit dem Süden, dem Westen und dem Norden.

- Setz dich dann an deinen Platz und übertrage die Kraft der Mitte auf deinen Gegenstand im Zentrum. Nimm wahr, wie sich die Energie im Raum verändert hat. Du kannst sie nun bei Bedarf immer neu aktivieren, indem du die vier Himmelsrichtungen anrufst und um Unterstützung bittest.

Besonders bei Ritualen und Kraftorten am Arbeitsplatz kommt eine Grundeigenschaft des modernen Schamanismus zum Tragen, die ich so sehr schätze: Wir können alles, was wir in unserer Umgebung finden, zu unserem Wohle nutzen. Nichts muss ausgeschlossen werden. Jeder Gegenstand darf dabei seine eigentliche Funktion behalten und wir fügen ihm noch eine weitere Bedeutung hinzu. Andere Menschen – in diesem Fall unsere Kollegen, Vorgesetzten oder Mitarbeiter – müssen davon nichts merken. Die Dinge dienen einfach unserer emotionalen und spirituellen »Hygiene«.

Das gilt auch für unseren Stuhl, auf dem wir den Großteil der Arbeitszeit verbringen. Natürlich bleibt er unser Stuhl, auf dem wir sitzen. Doch mit ganz wenig Aufwand wird er zugleich zu unserem Kraftplatz.

MINIRITUAL

Kraft von unten

Wähle dir ein Symbol, das die Kraft symbolisiert, die dir bei deiner Arbeit manchmal fehlt und die du gern verstärkt zur Verfügung haben möchtest. Das könnte ein Baum für Erdung und festen Halt sein, ein Stern für Licht und Zuversicht, ein Smiley für Freude, ein Löwe für Durchsetzungskraft, eine Biene für die Gemeinschaftlichkeit im Wirken an einem Projekt. Such dir ein Bild dieses Symbols und kleb es dir unter die Sitzfläche deines Stuhls.

Nun wirkt dein Kraftsymbol von unten auf dich ein. Du kannst dich morgens beim Start in den Arbeitstag und erneut nach der Mittagspause für ein paar Augenblicke bewusst damit verbinden, und der Kraft abends vorm Nachhausegehen in einem stillen Augenblick danken.

Lass dich berühren

Wähle dir ein Tuch oder ein anderes Kleidungsstück, das du zu Hause in einem ruhigen Moment mit den Qualitäten auflädst, die dir im Job guttun könnten: Wärme vielleicht, Zuversicht, Kraft, Licht, Freude oder Konzentrationsfähigkeit.

Nimm dieses Tuch oder Kleidungsstück dann mit zur Arbeit und leg es dir auf den Stuhl. Oder du hängst es über die Lehne. Wann immer du Unterstützung brauchst, leg dir das Tuch um die Schultern oder berühre das Kleidungsstück. Wisse, dass es die Kraft in sich trägt, die du jetzt benötigst, und lass dich davon erfüllen. Sei mit dem Stoff in Kontakt und lade dich mit seiner Energie auf.

Du kannst dein Tuch oder Kleidungsstück in kraftvollen Momenten und auch mit Unterstützung deiner geistigen Helfer immer wieder neu aufladen und seine Kraft auf diese Weise noch intensivieren.

Wie gefallen dir diese Ideen? Haben sie dich schon dazu angeregt, in deinem Arbeitsumfeld ganz eigene Arten von Kraftquellen für dich zu etablieren? »Alles, was vorstellbar ist, ist möglich«, sagen die Kahunas und laden dich damit ein, zu experimentieren, zu spielen und Unglaubliches möglich zu machen. Voraussetzung ist einzig, dass du den Wunsch ernst nimmst, es dir auch beim Arbeiten gut gehen zu lassen. Meist denken wir, dass uns irgendetwas Kraft und Energie geben sollte, während wir im Job den unterschiedlichsten Reizen ausgesetzt sind und allerlei Herausforderungen zu bestehen haben. Doch genauso wichtig kann es sein, dass wir uns von bestimmten Schwingungen immer wieder lösen, um weiter klar denken und frei atmen zu können. Genau dieser Absicht dienen die beiden folgenden Minirituale.

Der Papierkorb als Kraftort

Manchmal brauchen wir einen ableitenden Kraftort, der uns von lästigen Energien befreit. Dafür ist ein Papierkorb auf der physischen Ebene bestens geeignet. Wir können ihn aber genauso gut nutzen, um emotionalen und energetischen Müll zu entsorgen. Wann immer dich etwas belastet, schreib es auf ein Blatt Papier – am besten eines, das sowieso weggeworfen wird. Gib die ganze Last-Energie mit hinein und wirf das Blatt anschließend in den Papierkorb. Das kann wütend und schwungvoll passieren, oder du legst das Blatt Papier ganz achtsam dort hinein – es gehört jetzt nicht mehr zu dir. Bitte die geistige Welt, sich um eine gute Verwertung dieser Energien zu kümmern.

Ein Stein kann es tragen

Bring dir einen Stein mit zur Arbeit und leg alles energetisch auf ihm ab, was dich belastet: die schlechte Laune anderer, eigene Ängste, Trägheit oder was auch immer dich stört. Der Stein kann es tragen und du fühlst dich leichter.

Abends nimmst du den Stein – zumindest alle paar Tage – wieder mit in die Natur oder legst ihn auf eine Grünfläche, dankst ihm und bittest Mutter Erde, sich der negativen Energien anzunehmen. So ist der Stein bald wieder frisch.

DIE KRAFTQUELLE
IN DIR SELBST NUTZEN

Was wir im Außen wahrnehmen, kann uns als Spiegel für unser Inneres dienen. Im letzten Kapitel, dem zur urbanen Form der Visionssuche, werde ich noch mehr dazu schreiben. Doch auch hier möchte ich dich schon darauf aufmerksam machen, wie sehr Landschaften der Natur dein Inneres widerspiegeln können. Die folgende Reflexion bietet sich vor allem für Momente an, in denen du wissen möchtest, was genau deine aktuelle Situation ausmacht. Momente, in denen du mit Fragen wie diesen befasst bist: »Wie steht es um meine Gesundheit? Wie steht es um meine Beziehung? Wo stehe ich derzeit in meinem Job?«

INNEHALTEN
Wenn es eine Landschaft wäre …

- Leg das Thema fest, um das es dir gerade geht – ob Beziehung, Beruf oder Gesundheit –, und nimm dir einen Moment Zeit.

- Schließ die Augen und bitte um ein inneres Bild aus der Natur, das sinnbildhaft anzeigt, wo du in deinem Thema gerade stehst.

- Lass das Bild, das auftaucht, einfach auf dich wirken. Tauche in die Landschaft ein, die du siehst. Lausche auf das, was darin spürbar wird. Vielleicht fallen dir spontane Assoziationen dazu ein. Oder du nimmst einfach wahr, was du dabei fühlst oder was sich in dir wandelt oder klärt.

Die folgende Übersicht zeigt die ein paar mögliche Verbindungen von Außen und Innen. Alternativ zu der gerade beschriebenen Übung kannst du dich von diesen Beispielen inspirieren lassen: Such dir dann einfach ein Naturphänomen aus, das dich anspricht, und lass dich von den Fragen anregen, um Klarheit über deine Situation zu erlangen.

→ Eine blühende Wiese: Was bringt eigentlich dich zum Blühen? Welche Bereiche in deinem Leben haben schon geblüht und welche wollen noch erblühen? In welchen Farben blüht dein Leben gerade?

→ Bach oder Fluss: Bist du im Fluss? Stockt es in einem Lebensbereich oder fließt alles auf gute Weise? Strömt es vielleicht zu schnell voran?

→ See, Teich oder Meer: Wie steht es um deine Gefühlswelt? Sind deine Gefühle ruhig oder bist du aufgewühlt? Kannst du bis auf den Grund (deines Wesens) schauen, oder ist da zu viel Schlamm aufgewirbelt?

→ Hochwasser: Welche Gefühle überschwemmen dich? Mit welchen Emotionen überschwemmst du vielleicht sogar dein Umfeld?

→ Ein breiter, einzeln stehender Baum: Kannst du dich in allen Bereichen des Lebens entfalten? Hast du genügend Raum für dein Potenzial?

→ Bäume einer Monokultur: Wer oder was schränkt dich im Leben ein? Wo stehst du in Konkurrenz zu anderen, sodass du vielleicht schnell wächst, aber keine Breite gewinnst? Lebst du deine Individualität?

→ Samen unter einer Buche im Herbst: Welchen Reichtum trägst du in dir? Wie viele Ideen in dir warten darauf, beachtet und umgesetzt zu werden? Wie viele wirst du verwirklichen können? Wie viele der Samen, die du hervorgebracht hast, können aufgehen?

→ Waldboden: Auf welchem Boden stehst du in deinem Leben? Was ist deine Basis? Woraus besteht der Boden, auf den du deine Schritte setzt? Welche Dinge geben dir Boden?

→ Kieselsteine im Flussbett: Weißt du um deine Einzigartigkeit? Was macht dich individuell? Wo und wie verschwindest du in der Masse? Kannst du die Einzigartigkeit in anderen sehen?

→ Bergkette: Wie unerschütterlich bist du? Wie viel Abstand brauchst du, um Größe zu erkennen? Was macht für dich wirkliche Größe aus?

→ Wattenmeer: Weißt du, dass die Dinge sich unentwegt wandeln? Kannst du einmal ganz voll und einmal komplett leer sein? Kannst du dich auch an Extreme anpassen?

→ Natur kann nicht nicht da sein. Trocknet ein Tümpel aus, entsteht eine Wiese, vielleicht ein Wald … Wie hat sich dein Leben im Laufe der Zeiten gewandelt und verändert? Wie wandelt sich die Natur deines Wesens innerhalb eines Jahres, eines Monats? Wie verändern sich die Stimmungen vielleicht sogar an einem einzigen Tag?

Eine Besonderheit von Kraftorten möchte ich dir zum Abschluss dieses Kapitels noch nennen: Sie erinnern uns an die Kraft in unserem eigenen Inneren. Denn wir können ihre Stärke nur deshalb wahrnehmen und uns damit verbinden, weil sie auch in uns – zumindest latent – vorhanden ist. Du kannst deine unterschiedlichen Kraftorte in der Stadt, in der Natur oder zu Hause deshalb auch ganz bewusst nutzen, um deine innere Kraft zu wecken.

MINIRITUAL
Selbst zum Kraftort werden

Nimm dir an einem Kraftort etwas Zeit und schwing dich auf seine Qualität ein. Richte deine Aufmerksamkeit dann auf dich selbst, auf dein Inneres und spüre die Kraft in dir. Vielleicht kannst du bald gar nicht mehr unterscheiden, ob es deine eigene Energie oder die des Kraftplatzes ist. Wichtig ist ohnehin nur, dass du sie spüren kannst. Verankere dieses Empfinden in dir und probiere diese Übung dann auch an anderen Orten aus – bis du deine Kraft überall zur Verfügung hast – wo auch immer du gerade bist.

Visionssuche
in der Stadt

Die Visionssuche ist ein zentraler Bestandteil der schamanischen Arbeit. Traditionell dauert sie mehrere Tage und ist von einigen Entbehrungen begleitet. Sie lässt sich aber auch ganz einfach und sogar urban gestalten: als Visionssuche in der Stadt, die nur wenige Minuten dauern muss. Ob in den Straßen, im Park, im Museum oder im Supermarkt – mit der passenden Intention geben uns die unterschiedlichsten Orte verblüffend stimmige Antworten auf unsere drängenden Fragen.

ORIENTIERUNG
MITHILFE EINER VISION

Ein Großteil der »esoterischen« Praktiken richtet sich seit jeher darauf aus, Antworten auf die wichtigen Fragen des Lebens zu erhalten – von einer höheren Macht, der geistigen Welt, Göttern oder deren Vermittlern, den Orakeln in ihren vielfältigen Formen. Seit einigen Jahrzehnten wenden sich viele Menschen wieder solchen Ratgebern zu, die nicht nur die rationale Seite, sondern ebenso die Gefühle, die Intuition und die spirituelle Ebene mit einbeziehen.

Im traditionell, aber auch modern Schamanischen ist es oft die Natur, die als Beraterin angesprochen wird. Manchmal geschieht dies einfach spontan: Wenn eine Antwort auf die aktuelle Lebenssituation nicht mehr im Pool der Gedanken gefunden werden kann, gehen viele Menschen in die Natur. Sie wenden sich an einen Baum, erzählen ihm ihre Sorgen, lehnen sich an ihn, werden unter seinem Schutz still – und erhalten dann nicht selten eine weiterführende Antwort. Genauso befragen andere Ratsuchende Orakelkarten oder bitten eine höhere Kraft um ein Zeichen – und warten, was geschieht. All das funktioniert.

DIE WELT ALS SPIEGEL

Etwas im Außen, scheinbar zufällig gewählt, kann uns die Antwort geben, die uns gefehlt hat, um eine Herausforderung zu meistern oder ein emotionales Leid zu lindern. Es ist diese eigentümliche Verbindung von Innenwelt und Außenwelt, die es möglich macht, dass die Natur, ja die ganze Welt, wie ein Spiegel wirkt. Ob wir im Gebet um eine Antwort bitten, ein Orakel nutzen oder einen Baum befragen – wir beziehen eine nicht rationale Komponente mit ein. Viele nennen sie Zufall. Jemand hat eine Frage – und zieht »zufällig« die Karte, die ihm weiterhilft. Ein anderer bittet um ein Zeichen dafür, dass er seine Einsamkeit überwinden wird – und schon klingelt »zufällig« das Telefon. Und die Kommunikation mit einem Baum? »Zufällig« fällt dem Fragesteller dort die Antwort ein. Sie »fällt ihm zu«.

»Zufällig« geschehen Dinge, deren Zusammenhang man sich nicht erklären kann. Albert Schweitzer sagte hierzu sehr schön: »Der Zufall ist das Pseudonym, das der liebe Gott wählt, wenn er inkognito bleiben will.« Geben wir ihm also die Chance, uns inkognito zu beraten und zu helfen, wenn wir nicht weiterwissen. Schauen wir in den Spiegel unserer Welt und erkennen wir uns selbst und unsere aktuelle Situation klarer. Ein wundervolles Mittel dazu ist die Visionssuche – und ich möchte sie dir hier in diesem Kapitel in einer Form vorstellen, die du ganz leicht in deinen Alltag einbauen kannst, die du sogar zwischendurch mal schnell machen kannst, wenn dir eine Frage auf der Seele liegt. Wie immer kommt es auf die innere Haltung an.

EINE INITIATION, DIE DAS LEBEN VERÄNDERN KANN

Eine Visionssuche ist ein Höhepunkt des schamanischen Arbeitens, der oft wie eine Initiation wirkt. Traditionell dauert sie mindestens vier Tage und wird intensiv vorbereitet: durch Fasten, andere Reinigungen wie ein Schwitzhüttenritual, durch Gebete und Meditationen. Dann begibt man sich in die Natur, schafft sich einen kleinen Kraftplatz und verweilt dort für einige Tage und Nächte in der Stille. Man wartet auf Zeichen aus der geistigen Welt. Eine Visionssuche ist ein intensives Ritual der Einsamkeit und der Entbehrung, eine Konfrontation mit allem, was sich in der Natur und im eigenen Inneren zeigen will. Oft gehört auch die Auseinandersetzung mit dem Tod dazu.

Die Visionssuche oder Vision Quest stellt so etwas wie einen Point of no Return dar. Die erhaltene Vision justiert die Weichen neu und gibt dem Leben eine veränderte Ausrichtung. Der Rat der geistigen Welt, der sich in Form eines Traumes, einer plötzlichen Intuition oder weniger greifbar in einer inneren Wandlung zeigen kann, macht den

Suchenden zu einem anderen Menschen. In diesem Sinne ist eine Visionssuche auch ein Initiationsritual, wie es in vielen traditionellen Kulturen heute noch praktiziert wird.

WAS HEISST VISIONSSUCHE?

Eine Vision gibt uns Orientierung. Sie zeigt uns wie eine Kompassnadel die Richtung und lockt uns aus weiter Ferne auf etwas Lohnendes zu. So gesehen kann uns eine Vision durchs ganze Leben tragen – oder zumindest durch eine Lebensphase. Sie leuchtet vor uns wie ein Stern. Für so eine große Vision werden im Schamanischen Visionssuchen unternommen: Meist dauern sie mehrere Tage. Man zieht sich zurück, geht in die Natur, fastet und richtet sich ganz auf die geistige Welt aus, um von dort seine Bestimmung zu erfahren, die große Vision des eigenen Lebens. Wenn du eine Vision Quest unternehmen willst, kannst du das begleitet von erfahrenen Schamanen tun, es gibt solche Angebote in vielen Intensitäten. Wir hier machen es uns leicht, um auch im alltäglichen Leben Antworten und Leitlinien zu bekommen.

Das alte Wort »Quest«

Der moderne Schamanismus, den wir heute in einer alltagstauglichen Form leben können, wurde in Nordamerika entwickelt. Von dort stammt zum Beispiel auch eine meiner wichtigsten Lehrerinnen: Sandra Ingerman. Und von dort stammt auch der Begriff »Vision Quest«, der heute üblicherweise für Visions-suchen genutzt wird. Das Wort »Vision« kommt dabei vom lateinischen »videre«, das »sehen« heißt. »Quest« klingt für uns zwar Englisch, wurde aber bereits im Mittelalter im heutigen deutschsprachigen Raum benutzt, und zwar in genau der gleichen Weise, nämlich für besondere Formen der Suche: für Wallfahrten ins Ungewisse und für die Suche nach dem Heiligen Gral.

Sara in der Wüste

Sara unternahm vor vielen Jahren eine angeleitete traditionelle Visions-suche bei der School of Lost Borders, die sehr bekannt für solche Angebote ist. Bei Sara ging es damals um den Abschluss einer beruflichen Tätigkeit und einen entsprechenden Neuanfang.

Die Vorbereitung in der Gruppe dauerte vier Tage und war vor allem der Suche nach dem tatsächlichen Anliegen jedes einzelnen Teilnehmers gewidmet. Danach war Sara vier Tage allein in der Natur, an einem eingegrenzten Platz in der Wüste, den sie nicht verlassen sollte. Während dieser gesamten Zeit aß sie nichts, es gab nur Wasser zu trinken. Für den Verstand war die Erfahrung extrem. Er suchte einerseits nach der großen Vision. Andererseits zweifelte er das Vorhaben mit vielen Argumenten an. Sara hatte intensive Träume und erlebte, wie sich ihre Wahrnehmung seltsam veränderte und wie sie das Licht in der Wüste irritierte.

Warum tu ich mir das an? Dieser Satz war sehr häufig in ihr und zeit-weise sehr laut. Sie erkannte schnell, dass es für eine solche Visionssuche eine sehr gute Vorbereitung und viel Klarheit im Vorfeld brauchte, um sie dann durchzustehen. Zum Glück waren diese Aspekte bei Saras Visions-suche auch beachtet worden. Ihr Anliegen war Sara sehr klar. Während sie um sich nur Wüste und Leere hatte, gelang es ihr, sich komplett dem Raum zu öffnen, der Zeitlosigkeit, leicht schwebende Zustände zuzulassen und ihre Ängste vor dem Alleinsein und der Dunkelheit zu überwinden. Am Ende kamen alle wieder in der Gruppe zusammen und tauschten sich aus. Das half ihnen, sich zu erden und die Erfahrungen allmählich einzu-ordnen. Sara erkannte, dass man bei einer Visionssuche nicht erwarten darf, mit einem fertigen Drei-Schritte-Plan wieder nach Hause zu fahren. Was sie jedoch erlebte, war eine tiefere Klärung, die sie anfangs noch gar nicht benennen konnte. Es dauerte ein Jahr, bis sie klar damit war. Sie hatte deutlich mehr Energie im Alltag und Klarheit in ihren Zielen.

VISIONSSUCHE
SCHNELL UND EFFEKTIV

Die traditionelle Visionssuche ist ein aufwendiges Ritual. Wer sie einmal in seinem Leben unternommen hat, dürfte über viele, viele Jahre davon profitieren. Doch – und das ist die allerbeste Nachricht dieses Kapitels – eine Visionssuche muss gar nicht so aufwendig sein. Natürlich, auch für unseren modernen Kontext gibt es mittlerweile weltweit sehr gute Angebote, eine Vision Quest angeleitet und geschützt in der Gruppe zu unternehmen. Aber nicht jedem ist es möglich, sich einem so umfassenden Ritual mit langwierigen Vorbereitungen und einem so tiefgehenden Transformationsprozess zu unterziehen. Und schließlich sind unsere Fragen ans Leben auch nicht immer so grund-legend und groß.

Genau deswegen habe ich vor einigen Jahren die Visionssuche in der Stadt entwickelt. Sie beruht in ihrer Grundidee auf der traditionellen Visionssuche, der ich große Wertschätzung entgegenbringe. Ihr Vorteil ist, dass sie relativ wenig Zeit erfordert und sich überall, wo auch immer du gerade bist, durchführen lässt: in der Stadt, in der Natur, beim Spazierengehen, auf dem Arbeitsweg, ja, sogar in Verkehrsmitteln oder Gebäuden. Der Einfachheit halber spreche ich hierbei gern von der »urbanen Visionssuche«.

Wie bei der traditionellen Vision Quest geht es auch bei der urbanen Visionssuche darum, nach Zeichen und Hinweisen Ausschau zu halten. In dem Wissen, dass innere und äußere Natur zusammengehören und die Welt wie ein Spiegel für uns ist, ordnen wir alles, was uns auffällt, der Frage zu, die wir mit dieser Vision Quest klären wollen. Nur tun wir das eben ohne allzu große Vorbereitung und eingebettet in unseren Alltag. Welche Schritte dafür sinnvoll sind, beschreibe ich dir im Fol-genden ausführlich.

Der Straßenkehrer

Cornelia ist auf dem Weg zur Arbeit. Sie hat einen Fußweg von etwa
fünfzehn Minuten und nutzt ihn heute als Visionssuche. Dabei fragt sie
sich: »Was ist heute wichtig für mich?« Während sie so weitergeht und
diese Frage im Sinn hat, achtet sie auf ihre Umgebung. Sie wartet darauf,
dass ihr irgendetwas auffällt – ein Hinweis als Antwort auf ihre Frage.
Als sie um die nächste Straßenecke biegt, sieht sie dort jemanden den Bür-
gersteig kehren. Sie weiß sofort: »Das ist mein Zeichen.« Und ganz schnell
weiß sie auch, warum: Es geht für sie heute darum, liegengebliebenen
Papierkram aufzuräumen – den »Dreck« wegzukehren. Außerdem faszi-
niert sie die gleichmäßige Hin-und-Herbewegung, die der Mann mit dem
Besen ausführt. Für Cornelia heißt das: lernen, im eigenen Rhythmus zu
arbeiten und sich nicht von den Kollegen hetzen oder bremsen zu lassen.

GROSSE WÜRFE – KLEINE HILFEN

Das Beispiel von Cornelia zeigt, wie einfach eine Visionssuche sein
kann. Eine traditionelle Vision Quest kann das ganze Leben verändern
und die Berufung enthüllen, die dann für den Rest des Lebens umgesetzt wird, wie das Beispiel von Sara zeigte. Mithilfe einer Visionssuche
kannst du die Weichen komplett neu stellen. Du kommst in einen
intensiven Kontakt mit dem Geistigen – und das kann alles wandeln.
Bei der urbanen Visionssuche kann all das auch passieren. Das kommt
ganz auf deine Fragestellung an und darauf, ob du in gewisser Weise
»reif« bist, deiner großen Lebensvision zu begegnen. Was diese
moderne, unkomplizierte Form allerdings vorrangig bietet, das sind
Antworten auf die vielen kleinen Fragen unseres Alltags. Eine Visionssuche in der traditionellen Gestalt machen die meisten Menschen in
ihrem Leben nur einmal, wenn überhaupt. Doch die urbane Variante

kannst du letztlich sogar täglich nutzen, um Klarheit in all deinen Lebensfeldern zu erlangen. Sie eignet sich zweifellos auch für große Fragen, ist aber nicht darauf beschränkt.

Warum kann eine Visionssuche auch so simpel sein? Es ist ganz einfach: Wir verwenden die Grundelemente der traditionellen Form und reduzieren sie auf das Essenzielle. Und schon ist es uns möglich, eine Vision Quest in unseren Alltag einzubauen und sie jederzeit zu unternehmen. Grundelemente, um die es im Folgenden noch einzeln gehen wird, sind diese:

→ 1. Das Anliegen klären.

→ 2. Zeitpunkt und Art der Visionssuche festlegen.

→ 3. Die innere Haltung einnehmen und um Unterstützung durch die geistige Welt bitten.

→ 4. Die eigentliche Visionssuche: mit der »zweiten Aufmerksamkeit« unterwegs sein und die Zeichen wahrnehmen. Dann Abschluss und Dank an die geistige Welt.

→ 5. Nachklang: Notizen oder Skizzen machen. Die Zeichen deuten und die Essenz der Botschaft begreifen. Das Erfahrene im Leben umsetzen.

VISION QUEST SCHRITT FÜR SCHRITT

Schauen wir uns also die einzelnen Etappen genauer an, die dir ganz schnell in Fleisch und Blut übergehen werden. Und schon kannst du dich jederzeit und ohne großen Aufwand auf Visionssuche begeben, wenn dir eine kleine oder größere Frage auf dem Herzen liegt, du eine wichtige Entscheidung treffen musst oder du deinem Tag eine spezielle sinnvolle Ausrichtung geben möchtest.

1. DAS ANLIEGEN KLÄREN

Alles beginnt natürlich damit, dass du für dich festlegst, welche Fragestellung du mit auf deine Visionsreise nehmen möchtest. Mit ein wenig Übung hast du diese Frage sicher in vielen Fällen ganz spontan zur

Hand. Dann weißt du einfach, dass du wissen möchtest, wie du am besten auf deine pubertierende Tochter zugehen könntest, was du für mehr Erfolg im Beruf anstellen müsstest, ob du eine neue Chance ergreifen solltest oder ob sie dich doch eher von deinem wirklich passenden Weg ablenkt.

Oftmals aber sind die Dinge nicht so klar. Dann spürst du bezüglich eines Themas vielleicht ein unbestimmtes Unbehagen, kannst es aber noch nicht konkreter fassen und in Form einer Frage auf den Punkt bringen. In diesem Fall lohnt es sich, sich etwas Zeit zu nehmen und ganz in Ruhe nach innen zu schauen. Du weißt, dass du die Visionssuche nutzen kannst – und nun brauchst du nur noch herauszufinden, welche Frage dich tatsächlich umtreibt.

INNEHALTEN

Was bewegt dich?

Nimm dir etwas Zeit, lehn dich zurück und entspann deinen Körper. Vergegenwärtige dir das Thema, zu dem du eine Visionssuche machen möchtest und das sich nun konkretisieren soll. Nimm bewusst ein paar tiefe Atemzüge.

Mit dem vierten Ausatmen folgst du deiner Aufmerksamkeit hinunter in den Bauchraum. Dort nimmst du wahr, wie es dir gerade geht. Lass dich von deinem Gefühl dann dorthin leiten, wo der Kern deines Anliegens sitzt, vielleicht im Becken oder im Herzen. Das Gefühl gibt dir Auskunft darüber, worum es dir wirklich geht. Kannst du dein Anliegen jetzt genauer formulieren? Wenn nicht, tauche noch etwas tiefer in dein Empfinden ein und frage dich noch einmal, was dich bewegt.

»Wirksamkeit ist das Maß der Wahrheit.«

Weisheit der Kahunas

2. ZEITPUNKT UND ART DER VISIONSSUCHE

Im nächsten Schritt legst du fest, wann du auf Visionssuche gehen möchtest und welche Form du dafür wählst. Du bestimmst zum einen ein Zeitfenster, dass du für dich reservierst. Vielleicht willst du auch gleich losmarschieren. Zum anderen überlegst du dir, wie du das Ganze gestalten wirst. Du wirst auf den folgenden Seiten dafür noch viele Möglichkeiten kennenlernen. Grundsätzlich geht es um Folgendes:

→ Wo möchtest du deine Botschaft suchen? Auf dem Arbeitsweg, in bestimmten Straßen, im Stadtpark? Möchtest du dafür in die Natur rausfahren oder einfach spontan durch dein Wohnviertel streifen?

→ Wo genau ist dein Startpunkt, von dem aus du losgehst?

→ Möchtest du ein einziges Zeichen erhalten? Oder möchtest du deine Frage in vier Unterfragen aufteilen, zu denen ich ab Seite 129 komme? Letzteres eignet sich besonders für komplexere Themen. Dann wird sich dir die Antwort in mehreren Facetten zeigen können.

3. DIE INNERE HALTUNG

Nun bist du so weit, auf deine Visionssuche zu gehen. Unterwegs geht es darum, dass Altgewohnte zu verlassen und sich Neuem hinzugeben. Die Kunst ist dabei vor allem, aus dem üblichen Gedankenkreisen in einen anderen Zustand zu kommen, um eine Botschaft überhaupt wahrnehmen zu können. Wenn uns etwas stark beschäftigt, haben wir beinahe ausschließlich gelernt, es im Kopf zu bewegen. Wir analysieren und vergleichen, wir machen Plus- und Minus-Listen. Oft sehen wir dann den Wald vor lauter Bäumen nicht. Eine hilfreiche Lösung zeigt sich meist erst dann, wenn wir das Denken für einen Augenblick beiseitelassen. Deswegen kommen vielen die besten Ideen morgens gleich nach dem Aufwachen. Im Schlaf sind wir auf eine andere Ebene gewechselt, unser System hatte Zeit, alle Eindrücke zu verarbeiten – und morgens wirft es dann eine kreative Lösung aus. Genau diesen Effekt nutzen alle möglichen Formen des Orakelns und eben auch die Visionssuche. Sie beziehen die geistige Ebene mit ein und sorgen durch ihren oft rituell gefärbten Aufbau dafür, dass wir das Denken verlassen und uns anderen Eindrücken öffnen. Die Intuition bekommt Raum.

Sich öffnen für Neues

Zur Vorbereitung der Visionssuche gehört daher nicht nur, dass du dir dein Anliegen bewusst machst, sondern auch, dass du dich in eine Verfassung bringst, in der du deine Zeichen auch wahrnehmen kannst. Vorhanden sind sie auf jeden Fall – nur gelingt es nicht immer, sie auch zu bemerken. Innere Unruhe, Sorgen oder Ängste halten unseren Blick an der Oberfläche, wo die Antwort nicht zu finden ist.

Wenn du feststellst, dass du noch nicht so weit bist, hast du verschiedene Möglichkeiten, um erst einmal zu dir zu kommen. Du kannst beispielsweise den Knochentanz durchführen, den ich auf Seite 61 beschrieben habe. Mit ihm schüttelst du alles ab, was dich belastet – und dann bist du frisch und offen für eine Erfahrung, die dich weiterbringt.

Eine ruhigere Variante, um sich von dem Gedankenkarussell und von Ängsten zu lösen, ist es, die Sinne zu aktivieren. Das lenkt die Energie vom Denken weg aufs Hören, Spüren, Riechen, Schmecken und Sehen. Nimm also bewusst deinen Körper wahr, spüre ihn, bewege ihn. Rieche an Pflanzen oder Lebensmitteln, richte deine Aufmerksamkeit auf die Geräusche um dich herum und nimm wahr, was du alles siehst. Auch eine stille Meditation kann dir helfen. Mit etwas Übung reichen bald wenige Sekunden dazu aus.

MINIRITUAL

Nimm Verbindung auf

Um deine Visionssuche zu einem Ritual zu machen, das umso mehr Wirkkraft hat, ist es sinnvoll, bestimmte Teile davon immer auf die gleiche Weise zu tun. Dafür bietet sich vor allem der Anfang an. Und zu dem gehört es, Verbindung zu den geistigen Kräften aufzunehmen. Das kann auf unterschiedliche Weise geschehen, es kann länger und mal kürzer dauern:

- Wenn du deine Frage geklärt und dich innerlich ausgerichtet hast, halte noch ein wenig inne und spüre ganz bewusst die Stille in deinem Körper. Es ist die gleiche Stille, die überall in der Welt ist. Sie umhüllt alles, aus ihr kommen alle Geräusche und verschwinden wieder darin. Wenn du dich – kurz bevor du losgehst – mit dieser Stille verbindest, bist du zugleich mit etwas Höherem in Kontakt, das dich in Weisheit auf deiner Visionssuche leitet.

- Ebenso kannst du dich mit der geistigen Welt in Form von Krafttieren oder geistigen Lehrern verbinden. Vielleicht sind dir deine Verbündeten dieser Art schon bekannt, weil du sie beispielsweise auf einer schamanischen Reise kennengelernt hast oder weil du einfach weißt, dass ein bestimmtes Tier oder ein bestimmter Ahne für dich da ist. Wenn du noch keinen individuellen Helfer entdeckt hast, bittest du die geistige Welt einfach allgemein um liebevolle Unterstützung auf deiner Visionssuche. Auch das funktioniert.

- Wenn du dich an deinen Startpunkt begibst, halte dort einmal kurz inne. Bleib tatsächlich stehen, sammle dich und mach dann den ersten Schritt so, als würdest du durch eine Art Vorhang in eine andere Welt gehen. Du bist jetzt bereit, die Dinge anders zu sehen, als du es in deinem Alltag gewohnt bist. Und somit betrittst du tatsächlich eine andere Welt – eine Welt voller Botschaften und Antworten.

4. DIE EIGENTLICHE VISIONSSUCHE

Jetzt sind alle Vorkehrungen getroffen und du bist bestens auf deine Visionssuche vorbereitet. Du stehst an deinem Startpunkt, sammelst dich ... und betrittst die Welt deiner Visionen. Alles, was du ab jetzt wahrnimmst, kann eine Antwort auf deine Frage sein. Deshalb bist du automatisch achtsam und mit allen Sinnen offen für die Welt.

Lass dich treiben oder geh die Wege, die du dir vorgenommen hast, und lass dich davon überraschen, was in dein Bewusstseinsfeld kommt. Es kann sein, dass du etwas aufgeregt bist und alles Mögliche als »dein Zeichen« ansehen möchtest. Vertraue einfach darauf, dass du wissen wirst, wenn es wirklich da ist. Und das hat nichts damit zu tun, ob du dieses Zeichen magst oder erwartet hast, ob es dir groß genug oder zu klein erscheint. Es ist die Antwort. Merke oder notiere sie dir zunächst nur. Das Deuten kommt später.

Die »zweite Aufmerksamkeit«

Für das besondere Wahrnehmen während der Visionssuche, das sich von dem unterscheidet, was wir im Alltag tun, gehen wir in einen leicht veränderten Bewusstseinszustand. Mit ihm blicken wir die Dinge auf eine besondere Weise an. Wir sind sehr viel offener für feine Nuancen und geheime Informationen, für Assoziatives und die spezielle Aura, die jedes Lebewesen und auch Gebäude und Gegenstände umgibt. Mit dieser sogenannten zweiten Aufmerksamkeit schauen wir hinter den Schleier des scheinbar Selbstverständlichen. Wir entlocken gewissermaßen allem, was uns begegnet, Hintergrundinformationen, die wir im Alltagsmodus gar nicht bemerken würden. Unser Blick wird auf eine bestimmte Art unscharf, denn wir erfassen viel mehr als das, was wir mit unseren physischen Augen sehen können: das Wesentliche, das Wesen von der Welt um uns herum. Und wie in einem Spiegel erkennen wir darin uns selbst.

Raus aus der Angst

Es kann tatsächlich passieren, dass du regelrecht blind für Botschaften bist, weil du zu sehr in Hektik oder aber bezüglich deiner Fragestellung zu sehr in Angst bist. Im Falle der Hektik rast du wahrscheinlich einfach an dem vorbei, was wirklich zählt. Und wenn die fragliche Situation Angst in dir hervorruft, erstarrst du womöglich. Angst kommt im Wortsinne von »Enge«. Herz, Blick, Sinne, Gedanken – alles wird eng und hält verkrampft an dem fest, was es fürchtet. Wir sitzen da wie das sprichwörtliche Kaninchen vor der Schlange.

Eine Vision, eine kreative Lösung, eine echte Antwort kommt aber immer dann, wenn wir uns weiten, wenn wir von dem loslassen, was wir schon tausend Mal durchdacht, schon hundert Mal versucht haben. Wenn die Antwort neu sein soll, unverbraucht und frisch, dann müssen wir uns einem deutlich weiteren Feld öffnen als dem, das wir schon kennen. Genau deswegen ist es so erfolgreich, die Intuition und die geistige Welt mit einzubeziehen: Sie bringen uns auf Dinge, die sich unser Verstand allein nicht hätte ausdenken können, weil er nur in dem operieren kann, was ihm bereits bekannt ist.

INNEHALTEN

Klarheit auch unterwegs

Wenn du unterwegs bemerkst, dass du unruhig, genervt oder ängstlich wirst, dann halte wieder inne. Bleib stehen, spüre deinen Körper, spüre den Boden unter deinen Füßen. Und verbinde dich dann neu mit der Stille in deinem Körper oder mit deinem geistigen Unterstützer.

5. EIN RUNDER ABSCHLUSS

Wenn du deine Botschaft erhalten hast, kannst du deine Visionssuche beenden. Und das ganz unabhängig davon, ob du die Antwort schon verstanden hast oder nicht, ob du etwas in dieser Art erwartet hast oder nicht, ob dir die Antwort zusagt oder ob du sie in irgendeiner Weise ablehnst. Wenn du weißt, dass es deine Antwort ist, dann ist es so. Gestalte nun auch das Ende deiner Visionssuche ganz bewusst:

→ Bleib wieder stehen, halte inne und besiegele damit das Ende dieses kleinen Rituals.

→ Bedanke dich bei deinen geistigen Unterstützern – ob du sie in einer bestimmten Gestalt oder einfach als Energie wahrgenommen hast. Und auch wenn du nichts dergleichen empfunden hast, ist ein Dank immer eine wertvolle Sache – ihn zu empfinden, tut vor allem dir selbst gut.

→ Geh nun wieder in deinen Alltag und nimm dir möglichst bald ein bisschen Zeit, um deine Ergebnisse zu sortieren. Dazu folgen ab Seite 136 noch einige Anregungen.

TIEFERE KLARHEIT MIT VIER FRAGEN

Kleinere Alltagsfragen lassen sich meistens problemlos mit einer einzigen Frage auf der urbanen Visionssuche klären. Allerdings sind unsere Fragen ans Leben nicht immer so klein und auch nicht immer so leicht zu beantworten. Deswegen schlage ich vor, die urbane Vision Quest etwas auszuweiten und die Grundfrage in vier Detailfragen aufzusplitten, die du nacheinander klärst:

→ Klärung der Frage: Wonach genau suche ich?

→ Was unterstützt mich?

→ Was muss ich loslassen?

→ Wie könnte der nächste Schritt aussehen?

Du spazierst also bei deiner Visionssuche – wie bereits beschrieben – durch die Gegend und hast die erste Fragestellung im Sinn: die genauere Klärung deiner Frage. Du lässt dich treiben und achtest auf Zeichen, die dir begegnen. Sobald du feststellst, dass sich die erste Frage beantwortet hat, merkst oder notierst du dir die Bilder oder Ereignisse und gehst zur nächsten Detailfrage über. Geh solange durch die Stadt, bis du alle vier Antworten gefunden hast. Dann ist deine Suche beendet.

BEISPIEL: WELCHE WOHNSITUATION TUT MIR GUT?

Ich habe diese neue Form der Visionssuche nicht nur selbst oft unternommen, sondern auch Freunde und Klienten angeregt, sie auszuprobieren. Ein paar ihrer Beispiele verteilen sich über das ganze Kapitel. Sie können dir das Potenzial dieser urbanen Vision Quest deutlicher zeigen und sollen dir Lust machen, selbst loszuziehen.

Beginnen wir mit Petra. Sie war seit Längerem unzufrieden mit ihrer Wohnsituation. Sollte sie ihre Wohnung umbauen lassen und dabei die kleine Nachbarwohnung, die zum Verkauf stand, hinzunehmen? Sollte sie ihre Wohnung verkaufen und aufs Land ziehen? Mit ihrem Partner zusammenziehen? Noch warten? Sie kam keinen Schritt voran – und begab sich auf Visionssuche. Hier ihre Ergebnisse:

Frage: Wie sieht die Wohnsituation aus, die mir wirklich guttut?

»Ich geh runter in den Hof, da steht der Umzugswagen von einem neuen Mieter, der hier einzieht. Ist das schon Teil der Visionssuche? Es sollte ja erst gelten, wenn ich auf die Straße trete. Was heißt das? Soll ich umziehen? Ich bin etwas verwirrt.«

Klärung der Frage: »Ich laufe lange umher, komme aber seltsamerweise immer wieder zu meiner Wohnung zurück. Dann begegne ich meinem Freund auf der Straße und freu mich. Vorher konnte ich das Viertel nicht verlassen, lief immer im Kreis, bin irgendwie nicht weggekommen. Also: Die Frage kann nur zusammen mit meinem Freund gelöst werden.«

Was unterstützt mich? »Ich entdecke einen alten Linien- oder Reisebus, der als Wohnmobil umgebaut in einer Unterführung steht. Das heißt für mich, wie mir sofort klar wird: Ich sollte auf Reisen gehen, beweglich werden, an alte Wünsche anknüpfen, das Nicht-Perfekte und Unvollendete suchen. Ich kann überall ein Heim kreieren. Veränderung.«

Was muss ich loslassen? »Ich sitze in einem kleinen Park auf einer Bank. Hinter mir die Kamine der Müllverbrennungsanlage. Ein Jogger zieht als Gewicht einen Autoreifen hinter sich her. Das kommt mir albern vor, das kann ich nun wirklich nicht übersehen. Ich nehme es als weiteres Zeichen und assoziiere: Es geht für mich um ein Zurücklassen des vom Menschen Gemachten, ich möchte den Fokus auf die Natur richten. Ich weiß nicht so genau … Soll ich hinaus aufs Land? Jedenfalls geht es darum, etwas, was nicht natürlich ist, zurückzulassen.«

Was ist der nächste Schritt? »Ich sehe den Teil eines Plakats, der untere Teil ist vom hohen Gras verdeckt, daher für mich jetzt offenbar nicht wichtig. Ich lese: » … wirklich Frau sein …« Für mich ist das die Aufforderung, ganz zu werden, meine Weiblichkeit stärker zu leben.«

Fazit: »Ich wusste an jeder Station, dass das die Antwort ist. Vorher lief ich manchmal lange umher – aber dann plötzlich war es da, eine tiefe Resonanz. Ich merke, wie es in mir arbeitet, wie sich die Bilder fügen. Ich weiß sehr klar: Veränderung steht auf jeden Fall an, und ich fühle mich jetzt bereit dazu. Wie es genau weitergeht, muss sich entwickeln.«

SELBST ERLEBT

Was Petra mitnimmt

Nach ihrer Visionssuche in ihrem Wohnviertel hatte Petra zunächst zwiespältige Gefühle. Einerseits war sie positiv überrascht, dass sie tatsächlich jedes Mal ganz klar erkannte, wenn »ihr Zeichen« aufgetaucht war, und dass sie es auch jedes Mal sofort innerlich für sich deuten konnte. Gleichzeitig hatte sie das Gefühl, jetzt immer noch nicht genau zu wissen, was sie tun sollte. Sie spürte aber das Einverständnis damit, dass manche Dinge eben Zeit brauchen. Diese Visionssuche hatte in ihr ein großes Ja für diesen Prozess geweckt.

Urbane Visionssuche im Überblick

Jetzt hast du alle Schritte, die zu einer urbanen Visionssuche gehören, kennengelernt. Hier findest du noch einmal alle Schritte im Überblick:

1. Leg zuerst deine Absicht fest. Du bestimmst also genau die Frage, auf die du eine Antwort erhalten möchtest – ob es den Beruf, deine Beziehung, den Umgang mit deinen Kindern, das allgemeine Weitergehen im Leben oder deine spirituelle Entwicklung betrifft. Formuliere deine Frage so genau wie möglich, am besten schriftlich.

2. Leg einen Zeitpunkt und einen Startpunkt fest, ab dem du alles, was du wahrnimmst, als Teil der Antwort auffasst. Das kann beispielsweise der Moment sein, in dem du zur Haustür heraustrittst oder an einer bestimmten Station aus der S-Bahn steigst.

3. Die innere Haltung: Nimm dir einen Moment der Stille, bevor du startest. Fokussiere dich auf die Absicht, eine Antwort auf deine Frage zu erhalten. Bitte dann die geistige Welt und deine dortigen Verbündeten – ob du sie schon kennst oder nicht – um Unterstützung. Damit schaltest du nicht zuletzt dein Bewusstsein auf die wachere und offenere Wahrnehmung um.

4. Nun gehst du los. Betrachte die Welt mit der »zweiten Aufmerksamkeit«, die dich mehrschichtig und vielfältiger wahrnehmen lässt. Achte auf Zeichen. Du wirst es merken, wenn du etwas siehst, das deine Antwort enthält. Darauf kannst du vertrauen. Und ebenfalls darauf, dass deine Füße dich dorthin tragen, wo du deine Antwort findest.

Nun kommt es darauf an, ob du nur eine Frage beantwortet haben möchtest oder – wie von mir vorgeschlagen – vier Fragen. Wenn es nur eine Frage ist, kürzt du das Ganze ab. Ansonsten fragst du nacheinander:

• Klärung der Frage: Wonach genau suche ich?

• Was unterstützt mich?

Fortsetzung auf Seite 133

Fortsetzung von Seite 132

- Was muss ich loslassen?

- Wie könnte der nächste Schritt aussehen?

Sobald du feststellst, dass sich deine Frage oder deine erste Frage beantwortet hat, merkst oder notierst du dir die Bilder oder Ereignisse. Du gehst zum nächsten Schritt über oder spazierst mit der nächsten Detailfrage weiter, bis du alle vier Antworten gefunden hast.

Zum Abschluss deiner Visionssuche bedankst du dich bei der geistigen Welt für die Unterstützung.

5. Wenn du zurück bist, machst du dir am besten Notizen oder vervollständigst sie, wenn du unterwegs schon etwas aufgeschrieben hast. Du kannst auch aufzeichnen, was dir begegnet ist. Schreib dir außerdem auf, was du mit den Zeichen am Wegesrand bezüglich deiner Fragestellung anfangen kannst. Jetzt lass das Ganze in dir nachwirken. Wie sich die Zeichen deuten lassen, darum wird es im Folgenden noch gehen.

Wenn du nach diesem Modell der Visionssuche vorgehst, kannst du alle möglichen Fragen in dir bewegen und mithilfe deiner Umgebung Antworten finden, die tatsächlich neu, ungewohnt und hilfreich sind. Natürlich kannst du die Fragestellungen auch verändern und insgesamt spielerisch und flexibel mit dieser Grundidee der urbanen Visionssuche umgehen, sobald du sie einmal verstanden hast.

Mit allen Ritualen, die ich dir in diesem Buch vorstelle und auch in meinen Seminaren anbiete, möchte ich die Menschen dazu inspirieren, selbst kreativ zu werden, um sich genau das Leben zu gestalten, das sie sich wünschen. Geh also auch an die Visionssuche mit Entdeckerfreude und lebendiger Neugierde heran und mach sie zu deinem eigenen Instrument. Die Grundidee wird dir bald völlig einleuchten und dann kannst du dieses Instrument vielfältig für dein Leben nutzen.

Wir alle brauchen von Zeit zu Zeit einen weisen Rat oder einen klugen Wegweiser. Traditionell nutzen Schamanen für eine neue Ausrichtung im Leben die Visionssuche. Ganz einfach und unseren urbanen Lebensgewohnheiten angepasst lässt sie sich zu jeder Zeit und überall durchführen.

WIE MIT DEN
BOTSCHAFTEN UMGEHEN?

Wir sind es in unserem Alltagsleben nicht mehr gewohnt, auf Zeichen zu achten, Botschaften aus einer »geistigen Welt« zu bemerken oder uns an wie auch immer gearteten Orakeln zu orientieren. Selbst unsere innere Stimme oder die Intuition wird von uns heute oft gänzlich überhört. Wir schenken diesen Dingen keine Aufmerksamkeit, weil sie sich unserem rationalen Verstand entziehen.

Gerade weil wir so wenig Erfahrung mit Botschaften haben, die nicht aus unserem Verstand, von Gesprächspartnern oder aus dem Internet kommen, ist es wichtig, diese Informationen richtig deuten zu lernen. Anfangs ist das nämlich nicht immer so einfach, denn häufig sind die Antworten, die wir beispielsweise auf einer Visionssuche erhalten, anders als alles, was wir bereits kennen und uns vorstellen können.

WANN ERSCHEINT DIE BOTSCHAFT?

Die Deutung beginnt bereits damit, dass wir während unserer Visionssuche genau die Botschaft als maßgeblich erkennen müssen, die tatsächlich »unsere Antwort« ist. »Jetzt ist der Augenblick der Kraft.« Diese Weisheit der Kahunas passt auch sehr gut für die Vision Quest, weil sie den Augenblick beschreibt, in dem man die Antwort entdeckt. Wann aber ist dieser Moment? Du kannst darauf vertrauen, dass du es bemerken wirst. Du kannst also einfach loslaufen und darauf warten, dass dir dein Zeichen auffällt und ins Bewusstsein dringt. Denn Energie folgt der Aufmerksamkeit, wie die Kahunas ebenfalls wissen. Auch darauf kannst du dich verlassen. Durch deine klare Absicht hast du deinen Geist darauf ausgerichtet, diesmal nicht mit dem Alltagsblick umherzugehen, sondern mit der zweiten Aufmerksamkeit (Seite 127).

Möglicherweise fällt es dir aber schwer, darauf zu vertrauen, dass deine Intuition die richtigen Bilder, Erlebnisse oder Begegnungen herausfiltert, die die gesuchte Antwort enthalten. Vielleicht fürchtest du, trotz aller innerer Ausrichtung immer wieder in deine Gedankenwelt hineinzurutschen, statt auf die Botschaften zu achten. Dann kannst du mit dir selbst ein Signal ausmachen, das anzeigt, dass jetzt die Antwort in deiner Umgebung wartet. Bist du in der Natur oder im Park unterwegs, kannst du zum Beispiel beim ersten Eichhörnchen, das du siehst, innehalten oder beim ersten Stöckchen, das unter deinem Schuh knackt. Genau in diesem Moment blickst du dich um, und das, was dir jetzt ins Auge springt, ist dein Zeichen.

In der Stadt gibt es ebenfalls viele Signale, die du mit dir selbst vereinbaren kannst. Du legst damit fest, in welchem Moment oder an welcher Stelle auf deiner Tour du auf das blickst oder lauschst, was die gesuchte Botschaft enthält.

→ Du kannst beispielsweise einen bestimmten Rhythmus definieren, mit dem du um die Straßenecken gehst: Zweimal links abbiegen, dann einmal rechts und wenn du das nächste Mal links abbiegst, siehst du das, was die Antwort enthält.

→ Oder du zählst alle weißen Kleinbusse oder alle roten Autos – und beim dreizehnten Fahrzeug liegt die Antwort vor dir.

→ Du kannst auch umherspazieren und immer, wenn du eine Kirchenglocke oder ein Autohupen hörst, weißt du, dass die Botschaft für dich schon in Sichtweite ist.

→ Oder du hörst über das Smartphone ein paar Musiktitel, die du magst – und sobald ein Lied zu Ende ist, ist der Moment gekommen, aufzuschauen und das Zeichen zu entdecken.

→ Eine weitere Möglichkeit, mit den vier Fragen zu arbeiten, ist es, deine Route vorher zu bestimmen und entlang der Strecke vier Stellen festzulegen, an denen jeweils eine Antwort auf dich wartet: der Moment, in dem du in die Straße XY einbiegst, oder das Erste, was du wahrnimmst, wenn du aus dem Fußgängertunnel wieder auftauchst.

Erfahrungsgemäß ist es am besten, zuerst festzulegen, wie du vorgehen möchtest. Während du unterwegs bist, kommt es darauf an, bei dieser Entscheidung zu bleiben und die Zeichen, die du wahrnimmst, zu akzeptieren – egal, ob sie dir gefallen und du sie verstehst oder nicht. Wenn du also die umfangreichere Methode mit den vier Fragen nutzt und festgelegt hast, dass du an jeder Straßenbahnhaltestelle, an der du vorbeikommst, auf die andere Straßenseite schaust, um dort ein Zeichen als Antwort auf eine der vier Fragen zu entdecken, dann tue das auch. Vielleicht fällt dir bei der dritten Frage etwas in der Straßenbahn selbst auf oder dein Handy klingelt oder irgendetwas anderes Unerwartetes geschieht. Egal, was passiert – halte dich einfach an das, was du dir vorgenommen hast. Auch wenn du auf der anderen Straßenseite nichts Besonderes wahrzunehmen meinst – merke dir das, was du siehst, oder schreib es dir auf.

DIE DEUTUNG ERFOLGT ERST AM ENDE

Was die Zeichen bedeuten, das ist natürlich die spannende Frage. Es empfiehlt sich aber, sich während der eigentlichen Visionssuche darum gar nicht zu kümmern. Lass dir den Raum, wirklich erst alle Zeichen zu finden, bevor du dir überlegst, was genau sie dir sagen wollen. Manchmal ist das sofort klar, doch oftmals stellen uns die Botschaften vor ein Rätsel und dann sind wir natürlich versucht, es gleich lösen zu wollen. Lass dir damit Zeit. Nimm deine Suche ernst und nimm auch all das ernst, was du als deine Zeichen erkennst.

Vertraue dem,
was du wahrnimmst.
Die Bedeutung wird sich zeigen.

Lass es auf dich zukommen

Bei einer Visionssuche gehen wir auf Empfang. Je besser wir dabei unser eigenes Wollen, unsere Vorstellungen und unsere Ideen beiseitelassen können, umso eher kann uns eine Botschaft erreichen, die komplett unerwartet ist und dadurch unseren Blick auf die fragliche Angelegenheit tatsächlich vollkommen verändert. Das Thema, um das es uns geht, haben wir sicher schon mehrfach im Kopf hin- und hergewälzt – jetzt versuchen wir es auf eine andere Weise. Wir gehen nicht mit dem Kopf voran auf ein bestimmtes Ziel zu, sondern machen uns innerlich weit, damit uns die Antwort, die Lösung oder die Idee für den nächsten Schritt von selbst finden kann.

WAS BEDEUTEN DIE ZEICHEN?

Sind die Botschaften gesammelt, heißt das noch nicht, dass wir genau wissen, wie es jetzt weitergeht. Die Antwort auf unsere Frage kann sich manchmal gut in vermeintlich seltsamen Bildern, Zeichen, Gedanken oder Begegnungen verstecken. Auch das Verstehen braucht die intuitive Seite. Manchmal sind die Zeichen nicht so glasklar zu deuten, aber wir spüren, dass sie stimmen. Sie haben etwas in uns angestoßen, was nun arbeitet, uns anstachelt, verändert, etwas umwälzt. Und eines Morgens wachen wir auf und wissen Bescheid.

Es gibt auch Situationen, in denen die Zeichen sogar sehr eindeutig sind – aber die eigenen Wünsche bezüglich der Fragestellung verhindern, dass wir sie erkennen. Karina im nächsten Beispiel hat das so erlebt. Sie wollte erst nicht annehmen, was ihr im tiefsten Inneren längst klar war. Ihre Geschichte zeigt sehr schön, dass in uns eine Weisheit wohnt, der wir vollauf vertrauen können. Und zugleich gibt es Lebensphasen, in denen die Wahrheit dieser Weisheit für uns noch zu schmerzhaft wäre – dann verkennen wir die Zeichen. Und doch haben sie etwas in uns weiterbewegt.

SELBST ERLEBT

Drei Zeichen

Karina war für ein paar Tage in einem Hotel und hatte schrecklichen Liebeskummer. Der Mann ihrer Sehnsucht hatte kaum Zeit für sie und sie musste sich eingestehen, dass er sich nicht wirklich zu ihr bekannte. Das Ganze tat ihr schon längst nicht mehr gut. Aber das einzusehen hätte noch viel zu sehr wehgetan. Sie wollte unbedingt, dass es mit ihm klappt und dass alles gut wird. In diesem Hotel bat sie nun an einem Morgen nach einer unruhigen Nacht darum, bis zu dem Moment, in dem sie sich abends ins Bett legte, drei Zeichen zu erhalten. Ihre Frage war: Wie soll es für mich in dieser Liebe weitergehen?

Das erste Zeichen erschrak sie sehr: eine schwarze Feder, die völlig zerzaust vor der Eingangstür auf dem Fußabtreter lag. Das zweite Zeichen: Ein paar Stunden später entdeckte sie die Feder wieder, diesmal wirkte sie etwas glatter und lag im Inneren der warmen Empfangshalle. Das dritte Zeichen: Es blieb aus, und Karina fing an, an sich und dem Sinn von solchen Botschaften überhaupt zu zweifeln.

Erst ein Jahr später, als sie diese Beziehung hinter sich gelassen und emotional verarbeitet hatte, war Karina alles klar: Das erste Zeichen symbolisierte ihren damaligen Zustand. Das zweite beschrieb den Weg, den sie gehen würde: Sie kam wieder ins Warme und heilte ihre Wunden. Und danach war es vorbei mit dieser Liebe. Sie hatte sich aufgelöst, keine Bindung mehr, kein Sog, nichts. Und deshalb hatte sie auch kein drittes Zeichen gefunden. Die Botschaften von damals trafen ihre Situation ganz genau – aber Karina war noch nicht so weit gewesen, um das zu erkennen. Oder ehrlicher: Wenn sie sich heute an ihr Gefühl von damals erinnert, muss sie sagen, dass sie die Situation durchaus begriffen hatte. Aber sie wollte die Dinge einfach nicht so zu sehen, wie sie waren. Also dachte sie, dass solche Zeichen bei ihr eben nicht funktionieren. Doch sie hatten sogar sehr gut funktioniert!

INNEHALTEN

Unklare Botschaften belichten

Hier eine kleine Anregung, wie du mit den Botschaften deiner Visionssuche umgehen kannst, wenn sie dir noch Rätsel aufgeben.

- Wenn du die eigentliche Visionssuche abgeschlossen hast, dir die Ergebnisse aber noch nicht so recht weiterhelfen, nimm dir etwas Zeit. Setz dich gleich nach der eigentlichen Vision Quest an einen ungestörten Ort und lass alles still auf dich wirken. Denk nicht darüber nach, sondern lass deine Fragen, deine Visionssuche und die Zeichen einfach in dir aktiv sein. Vielleicht willst du auch noch einmal darüber schlafen, weil sich über Nacht vieles in uns sortiert.

- Mach dir spätestens jetzt am Beginn deiner Reflexion Notizen zu all dem, was du als Botschaften wahrgenommen hast. Vielleicht hast du das auch schon während der Suche unterwegs getan.

- Lies dir deine Notizen noch einmal in Ruhe durch und vergegenwärtige dir dabei die Bilder, Geräusche oder Gedanken, denen du auf der Visionssuche begegnet bist und die währenddessen in dir aufgetaucht sind.

- Vertraue darauf, dass deine Seele längst eine Klarheit hat und du nur die innere Gelassenheit brauchst, um ihr zu folgen. Denn etwas in dir hat sich eine Frage gestellt und sich auf den Weg gemacht, die Antwort zu finden. Also vertraue darauf, dass der Wunsch oder die Sehnsucht bereits in dir lebendig wurde. Deine Seele möchte in Harmonie kommen, sie will dort ankommen, wo sie sich wohlfühlt und es für sie gut weitergeht. Verbunden mit diesem Vertrauen lass deine Gedanken und angestrengten Vorstellungen weiterziehen wie Wolken im Wind. Das ist, als würdest du deine Augen unscharf stellen … und dann plötzlich ist sie da: die Klarheit.

BEISPIEL: WAS BEDEUTET DAS STOPPSCHILD?

Klaus wollte sich beruflich verändern und machte einen kleinen Orakelgang. Er hatte eine verlockende Stelle in Aussicht, die seinen Fähigkeiten entsprach und ihm sehr viel Freude machen würde. Aber natürlich war sie auch mit viel Verantwortung verbunden.

Seine Frage lautete: »Was hilft mir jetzt bei meiner beruflichen Neuorientierung?« Er hatte sich eine konkrete Stelle überlegt, an der er sein Zeichen entdecken wollte. Also spazierte er los, und als er in die Nähe dieser Stelle kam, schlug er für die letzten hundert Meter die Augen nieder, um nicht schon lange vorher die Gegend nach allen möglichen Botschaften abzusuchen. Schließlich erreichte er die Stelle, hob den Blick – und schaute mitten auf ein Stoppschild.

Peng! Das hatte Klaus weder erwartet, noch gefiel ihm diese Botschaft. Er wollte ja voran, das Neue wagen, die Chance nutzen. Nun aber hieß es: Stopp. Dieses Zeichen brachte ihn in ein inneres Durcheinander. Er ließ die Gefühle und Gedanken für einige Stunden in sich toben, weil er sie sowieso nicht beruhigt bekam. Am Abend aber setzte er sich hin, fand endlich ein wenig Ruhe und holte das Stoppschild wieder vor sein inneres Auge. Was wollte es ihm sagen? Vielleicht war es ja gar nicht so direkt gemeint – das wäre ja beinah plump, dachte er. Andererseits: Was wäre, wenn sein Vorhaben wirklich das falsche wäre, wenn er wirklich so deutlich gewarnt werden musste? Klaus war unsicher.

Nach einiger Zeit merkte er, dass er sehr euphorisch auf diese neue berufliche Chance zugerast war. Er war nicht bei sich, nicht ruhig, nicht klar. Alles fühlte sich so toll an. Dennoch gab es da Zweifel. Während er ruhiger wurde, spürte er eine große innere Unklarheit in Form eines schwarzen weiten Raumes in sich. Das war nicht unangenehm, er wusste nur einfach nicht, was richtig war. Er beschloss an diesem Abend, die Entscheidung erst dann zu treffen, wenn er ganz klar spüren konnte, dass sie richtig war. Bis dahin würde er tatsächlich stoppen. Denn er hatte in seinem Leben bereits gelernt, dass große Entscheidungen mit innerer Klarheit getroffen werden wollen.

Es dauerte drei Tage – und diese drei Tage enthielten ein ungewöhnliches Geschenk für ihn. Klaus wurde sich nämlich in der Tiefe bewusst, was für einen großen Schritt diese Veränderung in seinem Leben bedeuten würde. Erinnerungen an vergangene Entscheidungen stiegen in ihm auf. Er konnte sein Leben würdigen, die in ihm verborgene Kraft, die ihn immer weitergeführt hatte. Diese Kraft, so erkannte er jetzt, würde ihm auch bei seiner neuen Aufgabe helfen. Er war in eine Art Nicht-Zeit eingetaucht, schwebte beinahe zwischen den Zuständen, dem Alten und dem Neuen.

Danach wusste er, dass er die Kraft in sich trug, um die neue Herausforderung mit Freude und einer gewissen Leichtigkeit zu meistern. Am dritten Tag sah er vor seinem inneren Auge tatsächlich eine Schiene mit einer Weiche. Und der Zug seines Lebens fuhr nicht auf dem eingefahrenen Gleis weiter, sondern wählte die kleine unscheinbare Abzweigung. Noch eine ganze Zeit würden die beiden Schienen fast parallel nebeneinander herlaufen – doch irgendwann wäre endgültig klar, dass etwas vollkommen Neues für ihn begonnen hatte. Nach diesen drei Tagen, die ihn still und dankbar gemacht hatten, sandte er die entscheidende Mail ab. Und der Wandel nahm seinen Lauf.

Stoppen heißt nicht aufgeben

Es kann sehr leicht passieren, dass wir uns von einer Botschaft irritieren und in die falsche Richtung schicken lassen. Klaus im eben erzählten Beispiel hatte zuerst den Eindruck, dass dieser neue Job offenbar das absolut Falsche für ihn sei. Warum sonst hätte sich ihm ein Stoppschild in den Weg gestellt? Doch indem er diese Botschaft für sich in Ruhe prüfte und sich auch ein wenig Zeit ließ, um sie zu verstehen, konnte er das wahre Geschenk darin erkennen. Und für genau diese Zeit der inneren Prüfung war das Stoppen wichtig.

BEISPIEL: WIE GEHT ES BERUFLICH WEITER?

Eleonore wollte Klarheit über ihren weiteren beruflichen Weg. Sie ist Musikerin und hat eine zusätzliche therapeutische Ausbildung absolviert, wusste jetzt aber nicht weiter. Sie entschied sich bei der Visionssuche für die Variante mit den vier Fragen, damit sie detaillierte Antworten erhalten würde. Was hat sie erlebt?

Ihre Frage lautete: Wo soll es für mich jetzt beruflich hingehen?

Klärung der Frage: »Überall schaute ich nach Dingen, Eindrücken oder Bildern, die zu meinem Thema passten. Das Erste, was mich gleich fünfzig Meter vor der Haustür aufmerken ließ, war ein Baum, zu dessen Füßen Pilze wuchsen. Daneben ein alter, zerbrochener Ziegelstein. Irgendwie dachte ich, das kann ja noch kein Zeichen sein, und ging weiter. Ich folgte der Sonnenseite der Straße und kam dann zu diesem Baum wieder zurück. Ich setzte mich auf einen Stuhl, der zu einer Gastwirtschaft gehörte, und spürte nach. Nach einer kurzen Zeit war meine Assoziation ganz klar: Altes trägt nicht mehr, so wie der Ziegelstein, der da zerbrochen liegt. Therapeuten ebenso wie Musiker wachsen wie Pilze aus dem Boden. Ich muss etwas verändern, etwas ganz Neues machen, wenn ich eine berufliche Chance haben möchte. Außerdem spüre ich sofort Freude, wenn ich mir vorstelle, etwas wirklich Kreatives zu machen.

Dann hielt ein kleiner Lieferwagen. Es stieg eine Frau aus. Ich sah sie in meiner konzentrierten Haltung an – sie dachte daher, ich wolle etwas von ihr. Sie sprach mich an und sagte, die Telefonnummer auf dem Wagen sei nicht die richtige und ob ich die richtige haben wolle. Es wurde ein nettes Gespräch. Für mein Thema sagte es mir: Ich muss aussprechen, was ich bin. Ich muss es kundtun und dann meinem Impuls folgen. Ich suche also eine Arbeit, die von mir entwickelt wird, die mir entspricht und auf mich zugeschnitten ist.«

Was unterstützt mich? »Während ich über diese Frage nachdenke, gelange ich an einen Brunnen, dessen Farbe abblättert. Im Wasser eine große Kugel, mehr als einen Meter im Durchmesser, aus der von oben langsam das Wasser fließt und unten plätschernd abläuft. Ich verstehe: fließen lassen, auch wenn die Farbe abblättert (die vom Brunnen). Hören, was das Wasser sagt. Das Wasser als Helfer.«

Was muss ich loslassen? »Eine Straße war blockiert, nichts ging vorwärts. Vier Autos hatten sich verkeilt, eins davon in Gegenrichtung. Plötzlich sah ich ein Plakat: ›Du willst es!‹, stand darauf. Das ist es! Mein Wollen war schon immer stark. Aber das ist eben oft sehr kopflastig, und nur mit dem Willen erreicht man sein Ziel nicht immer.«

Welches ist der nächste Schritt? »Ich ging um eine Ecke, da entdeckte ich die Schaufenster eines Reisebüros. Noch ein Plakat fiel mir ins Auge, darauf war zu lesen: ›Die Welt sucht Entdecker!‹ Klar! Ich bin eine Pionierin, möchte tiefer eintauchen in das Potenzial von Musik. Ich möchte mit Menschen arbeiten, die die heilende Kraft der Klänge neu entdecken wollen, für eine neue Zeit im neuen Bewusstsein.«

Fazit: »Ich möchte beide Welten stärker miteinander verbinden: die Musik und die Therapie. So eine Art Musiktherapeutin! Die Idee, beides zusammenzubringen, hatte ich für mich nie ernsthaft ins Auge gefasst, dabei ist es so naheliegend. Danke!«

SELBST ERLEBT

Was Eleonore mitnimmt

Nach ihrer urbanen Visionssuche erlebte sich Eleonore mit einer ganz neuen inneren Klarheit. Sie wusste endlich, auf welches Ziel sie zusteuern wollte, sodass sich in ihr eine noch nicht gekannte Kraft entfaltete. Das Bild der in der Straße verkeilten Autos, die jedes Weiterkommen blockierten, blieb ihr noch lange im Gedächtnis. Es zeigte ihr genau das, was sich manchmal in ihr selbst abspielte, wenn sich die Gedanken verkeilten und sie mit dem Kopf durch die Wand wollte.

VARIANTEN
DER VISIONSSUCHE

Mit dem Grundmodell der Visionssuche kannst du spielen und dir raschere oder ausgedehntere Abläufe überlegen. Alles ist möglich, wenn es dir stimmig erscheint. Gerade wenn im Alltag Fragestellungen auftauchen, die möglichst spontan gelöst werden sollten, kannst du die Welt als Spiegel befragen. Die Visionssuche lässt sich in vielerlei Hinsicht abwandeln. Du kannst auch variieren, wie du dich auf die Suche begibst und wo du auf Suche gehst:

→ Eine Möglichkeit ist es zum Beispiel, die Visionssuche mit dem Fahrrad oder Roller zu unternehmen.

→ Ebenso gut kannst du auch die Straßenbahn oder den Bus nutzen und für jede Frage einmal aussteigen – ganz intuitiv oder zum Beispiel an jeder zweiten oder vierten Haltestelle.

→ Du kannst auch die U-Bahn nehmen und immer das Erste, was du siehst, wenn du wieder ans Tageslicht kommst, als Zeichen werten.

→ Oder du bleibst innerhalb der U-Bahn-Welten und sammelst deine Zeichen dort – in den Zügen und auf den Bahnsteigen.

→ Selbst in geschlossenen Gebäuden kannst du eine Vision Quest erleben. Museen sind dafür zum Beispiel ideal.

→ Supermarkt oder Kaufhaus eignet sich ebenfalls sehr gut: Dann spazierst du dort durch die Gänge und achtest auf Dinge, die dir auffallen – auf Menschen, ihr Verhalten, ihre Kleidung und ihre Gesten oder auf die Waren und die Art, wie sie präsentiert werden.

Welche Form der Visionssuche du auch wählst – du wirst eins bemerken: Wenn du mit dem veränderten Fokus, ausgerichtet auf deine Fragestellung, durch die Gegend gehst, wirst du sie mit ganz neuen Augen wahrnehmen. Es wird dir so vorkommen, als würde die ganze Welt zu dir sprechen.

Die ganze Welt
spricht zu dir,
wenn du sie fragst.

Für eine kurze Visionssuche kannst du jede Möglichkeit nutzen, die sich dir bietet. Stell dir zum Beispiel vor, du hast ein wichtiges Meeting, bist aber unsicher, wie du deinen Part am besten ansprechen sollst. Dann kannst du dieser Frage auf dem Weg zur Arbeit nachgehen. Leg den Rahmen fest – etwa den gesamten Fußweg von der S-Bahn bis zur Firmentür – und beobachte, was sich zeigt. Sollte dein Stadt-Kraftplatz auf dem Weg liegen, kannst du dort vorbeischauen, einen Moment innehalten und dich nach einem Zeichen umsehen. Selbst von einem festen Platz aus ist es möglich, Botschaften zu empfangen:

→ Setz dich einfach an eine nette Stelle und lausche auf die Antworten – sei es im Café, in der Fußgängerzone, im Bus oder am Bahnhof.

→ Stell deine Musik-App auf »zufällig« und lass dich davon überraschen, was dir die Titel, die dann gespielt werden, zu deinem Thema sagen. Vielleicht enthält der Text die Antwort oder du erinnerst dich daran, wie, wo oder mit wem du den Song zum ersten Mal gehört hast. Oder du assoziierst mit den Interpreten etwas Bestimmtes.

→ Zu Hause oder im Auto kannst du das Radio selbst einen Sender wählen lassen und dann abwarten, was dir die Beiträge zu deinem Thema sagen.

→ Sogar die Speisekarte im Restaurant kannst du nutzen, um dir deine Situation spiegeln zu lassen. Besonders asiatische Gerichte haben oft blumige Namen. Vielleicht steckt hinter den Namen der Gerichte mit den Nummern 15, 32, 76 und 12 die gesuchte Antwort?

BEISPIEL: WARUM DIESE INNEREN SPANNUNGEN?

Martin erlebte sich seit einigen Wochen sehr angespannt. Er hatte das
Gefühl, all die Dinge in seinem Leben geradezu bitter ernst zu nehmen.
Vor allem aber war ihm alles zu viel. Er hatte oft den Eindruck, seinen
Verpflichtungen kaum noch gewachsen zu sein. Es gab keine gravieren-
den Probleme, aber er konnte sich einfach nicht entspannen und sich
kaum noch über etwas freuen. Als ausgebildeter Heilpraktiker hatte er
schon vieles versucht, was er als hilfreich kannte. Doch diesmal schien
nichts so richtig zu wirken. Also begab er sich auf eine urbane Visionssuche – mit den öffentlichen Verkehrsmitteln.

Frage: Was hilft mir, meine inneren Spannungen aufzulösen?

Klärung der Frage: »Gleich an der Ecke steht ein Mann etwas crazy
mitten auf der Kreuzung und tanzt. Ich lache: Da hat sich jemand
locker gemacht – aber nicht jeder Weg dahin wird mir recht sein.«

Was unterstützt mich? »Ich fahre mit der U-Bahn etwas ziellos in die
eine Richtung, steige an der nächsten Station aus und fahre zurück.
Dann steige ich in die Straßenbahn um. Die bringt mich zum Friedhof.
Ich trete durch das Haupttor, gehe entlang der großen Familiengräber.
Ich gehe zum Grab meines Vaters. Mir wird klar: Im Angesicht des
Todes ist nichts und zugleich alles wichtig, es ist alles ›richtig‹. Ich habe
die Unterstützung meiner Eltern und Großeltern. Die Ahnen stehen
hinter mir, sie haben ihr Leben gelebt, ich darf meines leben. Ich darf es
so gestalten, wie ich will. Sie unterstützen mich dabei.«

Was muss ich loslassen? »Ich fahre mit der Straßenbahn zur Endhalte-
stelle, wo ich in die U-Bahn umsteigen will. Auf dem Weg zur U-Bahn
komme ich zu einem alten Haus, an dem mehrere Glyzinien hochran-
ken. Sie haben die Regenfallrohre zerstört. Um das Regenwasser abzu-
leiten, wurde drei Meter weiter neben der nächsten Fensterachse ein
neues Fallrohr nach unten verlegt, um Gesimse herum und im Schwenk
wieder ins Standrohr. Sofort ist mir klar: Die alten Wege funktionieren
nicht mehr. Therapie und Tropfen, das bringt mich nicht mehr weiter.
Ich muss das lassen und vollständig neue Wege gehen.«

Was ist der nächste Schritt: »Ich fahre eine Station mit der U-Bahn, steige in die Straßenbahn, fahre bis zur Endstation und wieder zurück bis zu der Station, wo ich eingestiegen bin. Ich steige aus und lasse mich durch die nächtlichen Straßen treiben. Ein Laden ist zu einem Atelier umgebaut, in dem Kinder Keramik bemalen. Ein paar Läden weiter hängen Mobiles aus Plexiglasscheiben. Ich bekomme spontan Lust, mir meinen alten Hobby-Dachboden wieder einzurichten. Da habe ich früher Stunden zugebracht und Modelle von Segelbooten gebaut. Sehr fein und individuell, alles aus Holz. Das ist auf der Strecke geblieben – und es hat mich früher tatsächlich immer beruhigt und total zufrieden gemacht … Ich spüre, dass die Visionssuche damit zu Ende ist.«

Fazit: »Die längeren Fahrten mit der Straßenbahn waren als Zeit zur Reflexion nötig. Es hat eine Weile gedauert, bis ich mich richtig einlassen konnte. Ich wollte irgendeine Klarheit, was den derzeit stressigen Job angeht, oder etwas zum besseren Zeitmanagement oder von mir aus ein neues Heilmittel. Auf die Sache mit dem Hobby wäre ich nie gekommen. Es fühlt sich gut an.«

SELBST ERLEBT
Was Martin mitnimmt

Martin ist ein Beispiel für einen Menschen, der sich von der Visionssuche konkrete Hilfen in eine bestimmte Richtung versprochen hat – und dann mit etwas ganz anderem, beinahe Gegensätzlichem überrascht wurde. Er dachte, sein Problem sei es, dass er nicht genügend Zeit hat, deswegen so unter Druck steht und es sicher wichtig sei, sich von einigen Dingen zu verabschieden. Dabei war die Botschaft an ihn, etwas Zusätzliches in sein Leben hineinzuholen: ein Hobby. Er spürte sofort, wie ihm die Vorstellung, wieder zu basteln, neue Lebensfreude und Energie gab.

MINIRITUAL
Vision am Bücherschrank

Selbst in der eigenen Wohnung lässt sich eine Vision Quest unternehmen. Denn die Grundidee, sich von dem inspirieren zu lassen, was dich umgibt, und damit eine Frage zu beantworten, ist vollkommen unabhängig vom Ort. Und warum sollte es nicht deine Wohnung und dort zum Beispiel dein Bücherschrank sein?

Mach dir für dieses kleine Ritual der Visionssuche – wie sonst auch immer – deine Frage bewusst und stimme dich darauf ein, dass dir die jetzt passende Antwort zufliegen wird. Nun hast du (mindestens) zwei Möglichkeiten:

- Du gehst zu deinem Bücherschrank oder Bücherregal und greifst dir spontan ein Buch heraus. Dann schlägst du es irgendwo auf und tippst, ohne hinzuschauen, mit dem Finger auf eine Stelle.

- Oder du lässt dir intuitiv, ohne darüber nachzudenken, ein paar Zahlen sagen, zum Beispiel: drittes Regalbrett von oben, siebtes Buch von links, Seite 114, zweiter Absatz. Dieses Buch nimmst du dann aus deinem Bücherregal heraus und schlägst es an der entsprechenden Stelle auf.

Die Textstelle, auf die du getippt hast oder zu der dich die Zahlen geführt haben, enthält deine Antwort. Vielleicht zeigt die Seite auch ein Bild oder es steht ausgerechnet gar nichts darauf. Wie auch immer es sich darstellt: Was du jetzt siehst, ist die Antwort auf deine Frage. Lass sie auf dich wirken und vertraue darauf, dass du die Botschaft zum richtigen Zeitpunkt verstehen wirst.

Du kannst das betreffende Buch natürlich auch irgendwo aufschlagen und dem nachgehen, was auf der Seite steht, die du »zufällig« ausgewählt hast. Vielleicht erwischst du eine praktische Anregung, die du in Verbindung mit deinem Thema umsetzen kannst.

WAS DU GEWINNEN KANNST

Nicht nur ich selbst bin von der urbanen Visionssuche und den vielen kleinen »Orakelgängen«, die möglich sind, begeistert. Viele in meinem Freundeskreis und unter meinen Klienten und Seminarteilnehmern haben die Grundidee aufgegriffen und machen seither mit den unterschiedlichsten Fragen ihre spannenden Erfahrungen. Ich möchte hier am Ende dieses Kapitels noch einmal ausführen, was du durch eine Visionssuche alles gewinnen kannst.

→ Ganz offensichtlich: Du erhältst Antworten auf deine Fragen. Dabei ist es unwichtig, ob diese Fragen groß oder klein sind, ob sie deinen ganzen Lebensentwurf oder eine kleine Kommunikationsschwierigkeit in der Familie betreffen, ob du stark unter einem Thema leidest oder dir mit einer passenden Botschaft dein Leben einfach noch etwas schöner gestalten möchtest.

→ Du gewinnst einen deutlich breiteren und intensiveren Zugang zu deiner Intuition, zu deiner Bauchstimme, zu all dem, was sich mit dem rationalen Verstand nicht erklären lässt.

→ Du lernst immer mehr über dich selbst. Darüber, wie du auf Botschaften und Antworten reagierst und was dir wirklich wichtig ist.

→ Du lernst eine Menge über das Leben, über diese unglaubliche Klarheit, mit der es uns im Außen all das spiegelt, was auch in unserem Inneren passiert und sich in unserem Leben gestaltet.

→ Damit wächst nach und nach dein Vertrauen ins Leben und in deine eigene Fähigkeit, dir selbst zu helfen und dir helfen zu lassen.

→ Deine Lebensfreude wächst ebenfalls, weil du zum einen deine Probleme immer besser lösen kannst und zum anderen vielleicht sogar weniger Furcht vor neuen Herausforderungen hast.

→ Auch dein Vertrauen in die Kraft der Absicht wird zunehmen. Wenn du bei jeder kleinen oder größeren Visionssuche erfährst, dass du wirklich eine Antwort erhältst, weil du dich darauf ausrichtest, kann das dein ganzes Leben zum Positiven verwandeln.

INNEHALTEN
Mit allem verwandt

Die Lakota-Indianer haben den Gruß »Mitakuye oyasin«, was so viel heißt wie »Allen meinen Verwandten« oder »Ich bin mit allem verwandt«. Vielleicht spürst auch du eine solche Verbundenheit mit dir selbst, mit anderen Menschen, mit der Umwelt, mit der gesamten Schöpferkraft? Sie ist nicht einbgebildet, sondern entspricht der Realität, denn wir alle sind mit allem verbunden.

BEISPIEL: WAS HILFT DER SEELISCHEN GESUNDHEIT?

Beata hatte seit Längerem mit depressiven Verstimmungen zu ringen und wollte sich ihrer Heilung mit einer Visionssuche annähern. Sie wählte als Ort die Neue Pinakothek in München. Dort war sie schon immer sehr gern gewesen, der Ort tat ihr einfach gut.

Frage: Wie sollte ich mit meiner depressiven Verstimmung umgehen?

Klärung der Frage: »Bei den Alten Meistern fällt mir schnell eine Mariendarstellung auf. Mutter Maria hält liebevoll ihr Jesuskind im Arm. Das Kind aber schaut abwesend, das kenne ich von mir als Kind. Meine sofortige Assoziation: Ich möchte mir beziehungsweise dem Kind in mir eine liebevolle Mutter sein. Ich möchte wieder Kontakt zu diesem Teil von mir. Eigentlich frage ich wirklich genau danach: Wie kann ich liebevoller mit mir umgehen?«

Was unterstützt mich? »Ich entdecke auf einem Bild einen Faun, der mit einem Vogel spricht. Für mich heißt das: mit der Natur verbunden sein. Mich könnte unterstützen, halb Tier, halb Mensch zu sein, also nicht nur auf den Verstand zu hören, sondern etwas triebhafter, instinkthafter zu werden.«

Was muss ich loslassen? »Ich komme in modernere Abteilungen, impressionistische Gemälde in dunklen Farben ziehen mich an. Ich soll also das Dunkel hinter mir lassen. Dann ein Raum, in dem ein Video läuft: Eine Frau hält eine lebensgroße Puppe, die genauso angezogen ist wie sie selbst. Sie küsst sie zum Abschied und lässt sie über ein Brückengeländer fallen. Meine Assoziation: Ich darf einen Teil von mir würdigen und gehen lassen. Ich darf dem Fluss des Lebens das zurückgeben, was nicht mehr lebenstauglich ist.«

Was ist der nächste Schritt? »Without love what would life be? Diesen Satz sagt die Frau in dem Video. Der Satz klingt in mir nach, als ich im Museumsshop in einem Büchlein über Kirchenheilige lese: ›Liebe muss man teilen.‹ Ich fühle mich an den Anfang meiner Visionssuche erinnert: Maria öffnet den Mantel und bietet liebevollen Schutz. Mein nächster Schritt: mich der Liebe öffnen und sie überall entdecken.«

Fazit: »Für mich geht es darum, weich zu werden, das Kämpfen zu lassen und mich meiner verletzten Seiten anzunehmen. Wenn mir das gelingt, dann kann ich wohl auch wieder Liebe und Freude spüren.«

SELBST ERLEBT

Was Beata mitnimmt

Für Beata war ihre Visionssuche im Museum wie eine Reise in ihr eigenes Inneres. Sie erzählte mir später, dass sie bei all den Gemälden das Gefühl hatte, durch ihre inneren Landschaften zu reisen. All die unterschiedlichen schmerzhaften und freudigen Zustände, die Menschen erleben können, konnte sie auch in sich selbst finden. Und das, was ihr bei jeder Detailfrage besonders aufgefallen war, war wohl genau das, was auch in ihr nach Aufmerksamkeit rief. Sie war sich selbst mit dieser Visionssuche nähergekommen und spürte neue Zuversicht.

EINE WELT
VOLLER LIEBE UND LACHEN

Liebe Leserin, lieber Leser, ich danke dir sehr für die Offenheit, die du mitgebracht hast, als du dieses Buch begonnen hast zu lesen. Vielleicht haben dich bestimmte Sehnsüchte dabei geleitet. Ich wünsche mir sehr, dass du ihnen mit diesem Buch nähergekommen bist und dass dir die vielfältigen Alltagsrituale helfen werden, dir dein Leben so zu gestalten, dass es zu dir passt und dich erfüllt. Ich habe dieses Buch geschrieben, um dem Alltäglichen einen neuen Raum und eine bewusstere Aufmerksamkeit zu schenken. Diese Haltung kann dich dabei unterstützen, dein Leben einfacher und zugleich reicher zu machen.

Wir spüren – genauso wie die Schamanen aller Kulturen –, dass die Welt und unser Leben einer bestimmten Ordnung folgen. Genau diese Ordnung scheint heute vielerorts durcheinandergeraten zu sein. Doch wir sind Mitschöpfer. Wir können eingreifen, unser Leben aktiv und bewusst formen und ihm Ordnung, Tiefe und Lebendigkeit verleihen. Denn unsere Sehnsucht geht genau dahin, diese höhere Ordnung wieder zu erfahren: im wertschätzenden Miteinander von Mensch und Natur, in den unterschiedlichsten Begegnungen auf Herzensebene, im Ausleben all unseres Potenzials. Wenn auch du diese Herzenswünsche

»Imagine all the people
living life in peace.«

JOHN LENNON

INNEHALTEN

So viel Schönheit

Vergegenwärtige dir, wie viele Menschen jetzt, in diesem Moment etwas Freundliches zu jemand anderem sagen, einem Kind mit einer liebevollen Geste helfen, einem Kranken Trost spenden, wie viele Menschen miteinander lachen oder sich gerade jetzt mit viel Begeisterung für die Natur und das Wohl der Tiere einsetzen. Mach dir bewusst, wie viele Menschen in diesem Augenblick in ein Gebet oder eine Meditation versunken sind, ein Herzensgeschenk für einen Lieblingsmenschen gestalten oder mit anderen darüber sprechen, was sich in ihrer Abteilung, in ihrer Gemeinde oder auf dieser Erde besser machen ließe. So viel Engagement! So viel stille Freude! So viel Liebe, die von einem zum nächsten fließt! Es gibt keinen Grund, daran zu zweifeln, ob dein Beitrag wichtig ist. Er ist es. Er trägt dein Licht zum großen Leuchten bei.

spürst, sei dir bewusst, dass es viele Menschen gibt, die auf einem ähnlichen Weg der Bewusstwerdung und der gelebten Liebe sind. Im Schamanischen geht man davon aus, dass wir die Welt träumen. Und wir alle gemeinsam träumen die Zukunft. Wir gestalten sie im jetzigen Moment aus unserem tiefsten Inneren heraus. Und genau deswegen zählt jeder lichtvolle Gedanke, deswegen haben jedes liebevolle Empfinden und jede wertschätzende Handlung ein Gewicht.

Erlaube dir zu scheinen. Erlaube dir, ein Licht zu sein für dich und deine Umgebung. Genau dafür bist du hier. Die Alltagsrituale, die ich dir in diesem Buch vorgestellt habe, helfen dir dabei. Sie machen dein Leben leichter und bunter und lassen dein Potenzial immer kraftvoller erstrahlen. Für dich selbst und für uns alle.

BÜCHER UND TROMMELBEGLEITUNG

WEITERE BÜCHER DER AUTORIN

Eine Reise zu den Ahnen, Allegria

Schamanische Bewusstseinsreisen, BoD

Gemeinsam mit Franziska Muri:

Deine Liebe zum Leben. Segensreiche Impulse für die Entfaltung der neuen Erde, BoD

Die Rauhnächte als Quelle der Ruhe und Kraft, Irisiana

Die Rauhnächte-Orakelkarten, 49 Karten und Begleitbuch, Irisiana

Mein Begleiter durch die Jahreszeiten, Irisiana

Meine allerschönsten Rauhnächte, Irisiana

Vom Zauber der Rauhnächte, Irisiana

BÜCHER ANDERER AUTOREN

Campbell, Joseph: *Lebendiger Mythos*, Goldmann

Castaneda, Carlos: *Die Reise nach Ixtlan*, Fischer

Harner, Michael: *Der Weg des Schamanen*, Ansata

Ingerman, Sandra: *Heilung für Mutter Erde*, Goldmann

Limmer, Stefan: *Schamanische Krankheitsdeutung*, Gräfe und Unzer

Muri, Franziska: *Selbstfürsorge*, Integral

Skadé, Cambra : *Die schamanische Kraft im Alltag*, Edition Skadé

Uccusic, Paul: *Der Schamane in uns*, Ariston

TROMMELBEGLEITUNG BEIM SCHAMANISCHEN REISEN

Auf der Website der Autorin kannst du die Trommelstücke zum Buch *Schamanische Bewusstseinsreisen* kostenlos herunterladen:

www.innenwege.de

Klick dann auf Veröffentlichungen. Vier Tracks erwarten dich:

1. Entspannungsübung und Baummeditation

2. Reise in die Nichtalltägliche Wirklichkeit

3. Ich finde mein Krafttier

4. Trance-Trommel instrumental

Den Knochentanz findest du auf der CD: Griebert-Schröder, Vera: *Schamanische Reisen zur Seele*, Irisiana

Krafttierreisen findest du auf der CD: Griebert-Schröder, Vera: *Inspirierende Phantasiereisen zu Krafttieren*, Irisiana

Ahnenreisen sind auf der CD: Griebert-Schröder, Vera: *Eine Reise zu den Ahnen*, Allegria

Fantasiereisen für die Rauhnächte und jeden der zwölf Monate finden sich auf der CD: Griebert-Schröder, Vera, und Muri, Franziska: *Die Rauhnächte als Quelle der Ruhe und Kraft*, Irisiana

SACHREGISTER